KB003753

1592년 4월 13일 임진왜란 발발부터
1594년 한효순 병조참판으로 이임까지의 기록
中外에서 일어난 대소사 중심으로 원인과 결과, 분석과 평가까지 한 기록물

취사 이여빈 용사록

炊沙 李汝馪 龍蛇錄

李汝馪 원저 · 申海鎭 역주

보고사
BOGOSA

머리말

이 책은 취사(炊沙) 이여빈(李汝馪, 1556~1631)의 〈용사록(龍蛇錄)〉을 번역하였다. 〈용사록〉은 1592년 4월 13일 임진왜란 발발부터 1594년 경상 순찰사였던 한효순이 병조참판으로 이임하기까지의 사실을 보고 들은 대로 기록하였고, 그 후로부터 1597년 12월 울산(蔚山)의 증성(甑城)에 있던 가등청정(加藤淸正)을 공격했으나 완전히 사로잡지 못한 시점까지 개괄적으로 언급한 후기(後記)가 말미에 있다.

이여빈은 경상북도 봉화 출신이다. 그의 본관은 우계(羽溪), 자는 덕훈(德薰), 호는 감곡(鑑谷) 또는 취사(炊沙)이다. 아버지는 이효신(李孝信), 어머니는 전주이씨 이귀윤(李貴胤)의 딸이다. 그는 한우(韓佑)의 문인으로 1591년 식년시(式年試)에 합격하여 진사가 되었고, 1605년 증광시(增廣試)에 급제하였다. 1606년에 벽사도 찰방(碧沙道察訪)에 부임하였다가, 노모를 정성껏 모시기 위하여 1년도 되지 않아서 벼슬을 버리고 귀향하였다. 1610년 성균관 전적으로 승진되었으나 광해군을 지지하는 대북파가 장악하고 있던 조정에 나아가지 않았다. 특히, 1613년 계축옥사 때 목숨을 걸고서 계통상 모자이고 형제이니 용서할 것을 청하는 전은소(全恩疏)를 올리고 궐문 앞에 1주일간 엎드려 간했으나 받아들여지지 않자, 관직을 단념하고 낙

향하여 후학을 양성하며 학문에 힘쓰다가 일생을 마쳤다. 1715년 경상북도 봉화군 봉화읍 도촌리에 있는 도계서원(道溪書院: 경상북도 문화재자료 제537호)에 배향되었다. 이 서원은 단종에 대한 절의를 지켰던 의인들의 충절이 서린 곳이다.

그의 문집 《취사집(炊沙集)》은 그의 사후 200년 되는 해인 1831년경에 목판본으로 간행되었다. 그의 셋째 아들 이성재(李成材, 1589~1648)가 찬한 〈가장(家狀)〉을 바탕으로 이성재의 손자 이기정(李基定, 1647~1726)이 3권으로 편차하고 정중원(鄭重元, 1659~1726)의 서(序)를 1721년에, 권두경(權斗經, 1654~1725), 채헌징(蔡獻徵, 1648~1726), 김홍제(金弘濟, 1661~1737), 이징도(李徵道, 1652~1737)의 발(跋)을 각각 1701년, 1712년, 1724년, 1725년에 받은 것으로 볼 때 1700년대 초반에 간행하려고 했던 것 같으나 어떤 연유인지 몰라도 이루어지지 못하였다. 다만 이기정의 아들인 이진만(李鎭萬)과 이진화(李鎭華) 등이 연보(年譜)를 기술하고 이광정(李光庭)에게 1733년 행장(行狀)을 받는 등 부록 문자만 보충하고 말았다.

그러나 이에 멈추지 않고 간행하고자 하여 이여빈의 7세손인 이시묵(李時默, 1745~1824)이 이인행(李仁行, 1758~1833)의 서(序)를, 이시검(李時儉, 1781~?)과 이시탁(李時鐸, 생몰년 미상) 등이 류심춘(柳尋春, 1762~1834)의 서를 각각 1824년, 1831년에 받아서 마침내 6권 3책의 목판본으로 간행하였다.

이 책의 〈용사록〉은 권3에, 부록으로 첨부한 〈행장〉은 권6에 수록되어 있다. 〈용사록〉은 임진왜란의 전개 과정에 따른 전란의 참상과 백성들의 고통을 직접 목도하고 상세히 기록한 것이다.

이여빈은 임진왜란이 일어났을 때 경북 의성(義城)의 향교에 있다가 4월 23일 영주의 감곡(鑑谷)에 있는 그의 집으로 돌아갔는데, 왜군이 쳐들어온다는 풍문만 듣고도 이미 관군과 백성들이 모두 우왕좌왕하며 도망가기에 급급한 모습을 적나라하게 서술하며, 무책임하고 무능한 관료들과 흉흉한 소문 속의 백성들을 대비시키고 있다. 특히 방어사 성응길(成應吉)이 영주에서 풍기로 갔을 때, 영주의 상황을 "관아에서는 그 아랫사람에게 능히 명령을 내릴 수가 없고, 주인은 그 하인을 능히 제어할 수 없다."라고 하여 극심한 혼란상을 묘사하였다.

관군과 의병들의 승전과 패전 소식을 들은 그대로 기록하며 해당 인물에 대한 평가까지 보태었다. 충주 달천강에서 패전한 신립에 대해 단지 한 사람의 용사일 뿐이지 병사들을 지휘하는 것은 능한 바가 아니었다고 한 것이 그러한 사례에 해당한다. 그의 처삼촌인 김륵(金玏)에 대해 비교적 상세히 기록하였는데, 1592년 4월 하순에 경상 좌도 안집사(安集使)로 임명되어 잠시 안동부사로 전임되었다가 다시 안집사로 부임하여 1593년 4월까지 민심을 수습하는 활동상을 나타냈다. 당시 조정에서는 영남지역에 감사(監司)를 파견하여 우도의 감사는 김수(金睟)가 부임하였으나, 좌도의 감사는 이성임(李聖任)이 임명을 받고도 부임하지 않아서 김륵이 그 업무를 임시로 도맡은 사실을 기록하였다. 그리하여 좌도의 선비들에게 의병을 일으키도록 권장하였으니, 영주에서 김개국, 안동에서 김해, 예천에서 이개립, 풍기에서 박전 등이 향병을 일으켜 의병대장으로 추대되었고, 상주에서 김각, 함창에서 이봉, 산양에서 고상안·권지

·민척 등이 의병을 일으켰다.

경상 좌도의 의병 활동만 기록하지 않고 아울러 초유사 김성일(金誠一)의 전란 대처 활동을 높게 평가하며, 곽재우를 비롯한 김면·정인홍·박성 등 경상 우도의 의병 활동과 성과도 기록하였다. 특히, 가장 먼저 의병을 일으킨 곽재우에 대해 "싸우지 않은 날이 없고 싸우면 이기지 않은 적이 없다.(無日不戰, 戰無不勝.)"라고 한 김성일의 장계(狀啓)를 빌려 높게 평가하였다. 무엇보다도 경상우도의 의병들은 군관과 한량을 따지지 않고 오직 무예의 재능이 있는 사람들만 뽑은 까닭에 병사들이 모두 정예병이었고 가는 곳마다 효험이 있었다고 하면서, 경상 좌도의 의병들은 무예에 재주가 있는지 없는지 따지지도 않고 오직 용기가 없는 사류(士類)만을 몰고 다녔거니와 장수들도 왜적과 싸울 의지가 없었다고 하여 서로 다른 실상을 냉정히 평가하였다.

이외에도 진주성 전투, 금산 전투, 행주산성 전투, 최경회·임계영·김천일 등의 의병, 임금의 파천, 왜적의 한양 함락, 행재소의 평양 도착 및 세자 책봉 교서 반포, 정곤수를 통한 명나라 구원병 요청, 명나라 군대의 평양성 회복, 왜적과의 강화 협상, 왜적의 포로가 된 임해군과 순화군, 임금의 환도, 전주에서 세자의 과거 시행, 김덕령의 원사(冤死) 및 김성일의 병사(病死) 등등 사건별로 기록하였다.

〈용사록〉에서 유달리 눈에 띄는 대목은 전란으로 고통받는 백성들의 생활상을 묘사한 것이다. 곧, 오랜 전란으로 인하여 농사를 짓지 못하여 수확할 것이 없었을 뿐만 아니라 세금 징수의 혹독함에 지쳐서 파산하는 사람들이 서로 잇달아 굶어 죽은 자의 시체가 길에 가득하였고 해골이 서로 쌓여 들판에 널려 있다고 하였다. 부모와 처자식들이 서로 보호하며 유지할 수 없었으니 인육(人肉)을 양식으로 삼아 먹는 지경에 이르렀고, 심한 자는 스스로 자기의 골육(骨肉: 혈육)을 잡아먹는 지경에 이르렀다고 기록한 것이다. 전란과 기근보다는 혹독한 세금 징수가 백성들의 삶을 더 피폐하게 만들었음을 고발하고 있다.

이로써 왜적에 대한 항전 태세를 목격할 수밖에 없더라도 또한 전쟁의 상흔뿐만 아니라 그 이면의 비극과 참상을 똑똑히 보아야 할 것이다. 역사를 잊은 우리에게 미래는 없기 때문이다.

한결같이 하는 말이지만 나름대로 최선을 다하고자 했다. 그러함에도 불구하고 여전히 부족할 터이니 대방가의 질정을 청한다. 끝으로 편집을 맡아 수고해 주신 보고사 가족들의 노고와 따뜻한 마음에 심심한 고마움을 표한다.

2022년 6월 빛고을 용봉골에서
무등산을 바라보며 신해진

차례

번역과 원문

부록

일러두기

이 책은 다음과 같은 요령으로 엮었다.

01. 번역은 직역을 원칙으로 하되, 가급적 원전의 뜻을 해치지 않는 범위 내에서 호흡을 간결하게 하고, 더러는 의역을 통해 자연스럽게 풀고자 했다. 다음의 자료가 참고되었다.
   - 『국역 취사선생문집』, 정상홍·강구율·김덕환 역, 동양대학교 한국선비연구원, 2015.

02. 원문은 저본을 충실히 옮기는 것을 위주로 하였으나, 활자로 옮길 수 없는 古體字는 今體字로 바꾸었다.

03. 원문표기는 띄어쓰기를 하고 句讀를 달되, 그 구두에는 쉼표(,), 마침표(.), 느낌표(!), 의문표(?), 홑따옴표(‘ ’), 겹따옴표(“ ”), 가운데점(·) 등을 사용했다.

04. 주석은 원문에 번호를 붙이고 하단에 각주함을 원칙으로 했다. 독자들이 사전을 찾지 않고도 읽을 수 있도록 비교적 상세한 註를 달았다.

05. 주석 작업을 하면서 많은 문헌과 자료들을 참고하였으나 지면관계상 일일이 밝히지 않음을 양해바라며, 관계된 기관과 여러분께 진심으로 감사드린다.

06. 이 책에 사용한 주요 부호는 다음과 같다.
   1) (　　) : 同音同義 한자를 표기함.
   2) [　　] : 異音同義, 出典, 교정 등을 표기함.
   3) “　　” : 직접적인 대화를 나타냄.
   4) ‘　　’ : 간단한 인용이나 재인용, 또는 강조나 간접화법을 나타냄.
   5) 〈　　〉 : 편명, 작품명, 누락 부분의 보충 등을 나타냄.
   7) 「　　」 : 시, 제문, 서간, 관문, 논문명 등을 나타냄.
   8) 《　　》 : 문집, 작품집 등을 나타냄.
   9) 『　　』 : 단행본, 논문집 등을 나타냄.

07. 이 책과 관련된 안내사항과 논문은 다음과 같다.
   - 소제목은 역주자가 임의로 붙인 것임.
   - 권경록, 「炊沙李汝馩이 만든 心象空間, ‘鑑谷’」, 『동양한문학연구』 44, 동양한문학회, 2016.
   - 김덕환, 「李汝馩의 현실인식과 실천정신」, 『영남학』 64, 경북대학교 영남문화연구원, 2018.

|번역과 원문|

취사 이여빈 용사록

炊沙 李汝馪 龍蛇錄

1. 임진왜란의 발발, 동래성 함락, 좌병사와 우감사 도피[1]

만력(萬曆) 20년 임진년(1592, 선조 25) 여름 4월 13일에 왜구들이 부산포(釜山浦)로 상륙하기 시작하여 첨사(僉使: 釜山浦僉節制使 鄭撥)를 공격해 죽였고, 또한 동래 부사(東萊府使) 송상현(宋象賢)도 죽었다.

병사(兵使: 경상좌병사) 이각(李珏)이 병영(兵營: 좌병영 울산)에서 동래로 달려갔다가 부산이 함락된 소식을 듣고 황급히 병영으로 되돌아왔으며, 동래가 또 함락된 소식을 듣자마자 병영을 버리고 언양(彦陽)과 양산(梁山) 사이로 물러나 숨었다.

감사(監司: 경상우감사) 김수(金睟)가 우도(右道: 경상우도 진주)에 있으면서 병사들을 독려하여 싸우도록 하였으나 점차 가야산(伽倻山)으로 향하게 되자, 도피하여 숨을 계획을 세우고 도내(道內) 선비들에게 집안의 살림살이 및 소금과 간장을 깊이 묻어두고 멀리 산골짜기로 피하라는 명령을 전하였다.

이로부터 사람들의 마음이 꺾여서 모두 싸울 마음이 없었으니, 강성한 병영(兵營)과 거대한 진영(陣營)이 풍문만 듣고 스스로 궤멸되는데 한 사람도 싸우지 않아 흙이 무너져내리고 기와가 깨지며 여지없이 무너져도 누구도 감히 무엇이라고 말하지 못하였다.

萬曆[2]二十年壬辰, 卽宣祖二十五年夏四月十三日, 倭寇始自釜山浦[3]登陸, 攻殺僉使[4], 又東萊[5]府使宋象賢[6]死之。兵使李珏[7]自

1 소제목은 역주자가 내용과 부합하도록 임의로 붙인 것임.

2 萬曆(만력): 명나라 제13대 황제 神宗 朱翊鈞의 연호(1573~1620).

兵營馳進東萊，聞釜山陷，惶㤼還兵營，聞東萊又陷，卽棄兵營，退遁彦陽[8]·梁山[9]之間。監司金睟[10]在右道，督兵使戰，漸向伽倻

---

3 釜山浦(부산포): 부산광역시에 있었던 조선 시대의 포구. 행정 구역상으로 부산포는 동래도호부의 釜山面으로 존속하였다. 부산포는 왜관·釜山開市·부산진성 등을 통하여 우리나라와 일본 사이의 거래가 가장 밀접하였던 곳이었다. 1907년 釜山府가 설치되면서 부산포는 동래에서 분리되었다.

4 僉使(첨사): 釜山浦僉節制使 鄭撥(1553~1592)을 가리킴. 본관은 慶州, 자는 子固, 호는 白雲. 1592년 折衝將軍의 품계에 올라 부산진첨절제사가 되어 방비에 힘썼다. 4월에 임진왜란이 일어나 부산에 상륙한 왜병을 맞아 분전하였으나 중과부적으로 마침내 성이 함락되고 그도 전사하였다. 이때 첩 愛香은 자결하였고, 奴婢 龍月도 전사하였다.

5 東萊(동래): 현재 부산광역시 동래구 지역을 중심으로 편성되었던 조선시대의 행정구역. 세종 연간에 동래현이다가 이후 일본과의 관계가 중시되어 1547년 東萊府로 승격하였다. 1592년 임진왜란이 일어난 직후 동래현으로 강등되었다가 1599년 다시 東萊府로 승격되었다.

6 宋象賢(송상현, 1551~1592): 본관은 礪山, 자는 德求, 호는 泉谷·寒泉. 1570년 진사에, 1576년 別試文科에 급제하여 鏡城判官 등을 지냈다. 1584년 宗系辨誣使의 質正官으로 명나라에 다녀왔다. 귀국 뒤 호조·예조·공조의 正郎 등을 거쳐 東萊府使가 되었다. 1592년 임진왜란이 일어나 왜적이 동래성에 쳐들어와 항전했으나 함락되게 되자 朝服을 갈아입고 단정히 앉은 채 적병에게 살해되었다. 충절에 탄복한 敵將은 詩를 지어 제사지내 주었다.

7 李珏(이각, ?~1592): 1592년 임진왜란이 일어났을 때 경상좌병사로 울산 북방에 병영을 주둔하면서 부산진 전투와 동래 전투 동안 동래부사 宋象賢에게 수비를 맡겼으며, 경주성 전투를 앞두고는 그냥 내버려둔 채 달아났다. 한양이 함락된 뒤에 임진강에서 도원수 金命元에게 체포되어 참수되었다.

8 彦陽(언양): 울산광역시 울주군 언양읍 지역의 옛 지명. 동쪽은 범서읍, 서쪽은 상북면, 북쪽은 두동면·두서면, 남쪽은 삼남면과 접한다.

9 梁山(양산): 경상남도 동북부에 있는 고을. 북동쪽은 울산광역시, 남동쪽은 부산광역시 기장군과 금정구, 남서쪽은 김해시, 북서쪽은 밀양시와 접한다.

10 金睟(김수): 金睟(1547~1615)의 오기(이하 동일함). 본관은 安東, 자는 子昻, 호는 夢村. 1573년 알성문과에 급제하여 평안도관찰사·경상도관찰사를 거쳐 대

山[11], 爲避匿之計, 傳令道內士子, 深埋家中什物及鹽醬, 遠避山谷。自是, 人心沮喪, 皆無鬪志, 雄藩巨鎭, 望風自潰, 一不交鋒[12], 土崩瓦解[13], 莫敢誰何矣。

2. 이여빈 문소에서 왜란 발발 급보 듣고 귀향길에 오름

내가 문소(聞韶: 의성)의 향교에 있으면서 15일에야 처음으로 난리가 났다는 소식을 들었는데, 고을 현령 이여온(李汝溫)이 즉시 병사들을 징발하여 16일 먼동이 트기 전에 거느리고 나아갔다. 이로부터 변방의 보고가 더욱 급박해지자, 날마다 경성에서 장수가 내려오기만을 바라며 공급할 물자를 준비하여 기다렸다. 22일 고을 현령이 자신이 통솔하는 군사를 거느려 병사(兵使)에게 맡기고 되돌아와 곧바로 관아에 도착하지 않고 오히려 민가에 물러가 있었으니, 그의 뜻은 아마도 경성에서 내려온 장사(將士)들이 힐문(詰問)할까

사헌, 병조·형조의 판서를 두루 지냈다. 1592년 임진왜란이 일어났을 때 경상우감사로 진주에 있다가 동래가 함락되자 밀양과 가야를 거쳐 거창으로 도망갔다. 전라감사 李洸, 충청감사 尹國馨 등이 勤王兵을 일으키자 함께 용인전투에 참가했으나 패배한 책임을 지고 한때 관직에서 물러났다. 당시 의령에서 의병을 일으켰던 곽재우와 불화가 심했는데 이를 金誠一이 중재하여 무마하기도 했으며, 경상감사로 있을 때 왜군과 맞서 계책을 세워 싸우지 않고 도망한 일로 사람들의 비난을 받았다.

11 伽倻山(가야산): 경상남도 합천군과 경상북도 성주군 경계에 있는 산.

12 交鋒(교봉): 交戰. 서로 맞붙어 싸움.

13 土崩瓦解(토붕와해): 흙이 붕괴되고 기와가 깨진다는 뜻. 사물이 수습할 정도로 철저하게 궤멸되는 것을 비유하는 말이다.

느긋하게 있다가 피하려는 것이었다. 이날 조방장(助防將) 박종남(朴宗男)이 비로소 와서 묵었는데, 거느린 군관(軍官)들이 모두 구석을 향해 흐느껴 우니 박종남 또한 기가 꺾여 전장에 나아갈 뜻이 도무지 없었다.

이날 나는 문소(聞韶)에서 비로소 집으로 돌아오려 했다. 문소에서 2일 거리인데도 이번 발걸음이 급박했던 까닭에 이틀 길을 하루에 가려고 이튿날 이른 아침에 떠나려 했는데, 박상중(朴尙重)이 누워서 일어나지 않으니 마침 신강립(辛剛立)을 만나서 그와 함께 떠났다. 샛길을 쭉 따라 걸어서 신강립은 자기 집으로 들어갔고, 나는 도촌(道村: 봉화)에 도착하니 밤이 이미 이경(二更: 밤 10시 전후)쯤이었다.

余在聞韶[14]黌舍[15], 十五日始聞亂作, 主倅李汝溫[16]卽調兵, 十六日曉頭領進。自此, 邊報益急, 日望京將之來, 設供億[17]之具以待之。二十二日, 主倅領所統軍, 付兵使還來, 而猶未直到公廨, 退在民舍, 其意恐自京下來將士, 有所詰問, 緩緩以避之也。是日, 助防將[18]朴宗男[19], 始來宿, 所率軍官, 皆向隅涕泣[20], 朴亦氣沮,

---

14 聞韶(문소): 義城의 옛 지명. 경상북도 중앙부에 있는 고을. 동쪽은 안동시·청송군, 서쪽은 상주시, 남쪽은 군위군·구미시, 북쪽은 안동시·예천군과 접한다.

15 黌舍(횡사): 향교.

16 李汝溫(이여온, 1547~1616): 본관은 全義, 자는 而厚. 1592년 임진왜란 중 의성 현령으로 재직하면서 군량미 조달을 잘하였다 하여, 1593년 포상을 받고 면천군수가 되었다. 그 뒤 청주판관·통진현감·부평부사·옥천군수 등을 차례로 역임하고 1601년 풍덕군수가 되었다.

17 供億(공억): 음식물을 준비하여 접대하는 것.

頓無進戰之意矣。是日，余自聞韶始還家。聞韶爲二日程，而是行也急，故將兼程[21]，詰朝[22]而發，朴尙重臥不起，適遇辛剛立[23]，與之偕行。迤從間道而行，辛入其家，余到道村[24]，夜已二更許。

3. 이여빈 감곡 도착, 처가 식구들 피난 준비

23일 정오가 되어서야 감곡(鑑谷: 甘谷)에 돌아왔는데, 손아래 처

---

18 助防將(조방장): 《선조수정실록》 1592년 5월 1일 16번째 기사에 조방장으로서 朴宗男이 勤王을 핑계대로 鎭을 버린 사실이 적혀 있음.

19 朴宗男(박종남, ?~1601): 본관은 密陽. 무과에 급제하였으며 重試에 다시 급제하여 선전관이 되었다. 1583년 북쪽 오랑캐 尼湯介를 칠 때 공을 세워 折衝將軍에 승진하였고, 비변사의 천거로 富寧府使가 되고 이어서 길주·온성 부사를 지냈다. 1592년 임진왜란 때는 春川府防禦使로서 적의 북진을 막아 여러 차례 공을 세웠다. 세자 광해군이 함경도에서 군사와 백성들을 위무할 때 호위대장으로 광해군을 호위하였으며, 그 뒤 分朝의 동부승지·병조참의로 임명되었다. 1593년에는 진주목사로서 부산에 주둔해 있던 왜군의 북상 기도를 저지하는 책임을 훌륭히 수행하였다. 그러나 관찰사와의 의견충돌로 이듬해 파직되었고, 한때는 도원수의 휘하에서 鷹揚都別將을 지냈다. 특히 해안 경계에 많은 공을 세워 李舜臣이 장계를 올려 그를 舟師助防將으로 삼았다. 이후 閑山·場門·永登浦·見乃梁 등의 해전에서도 많은 공을 세웠다. 뒤에 상주목사·광주목사를 거쳐 회령부사에 전임되었다가 대사헌 洪汝諄의 탄핵을 받아 면직되었다.

20 向隅涕泣(향우체읍): 向隅而泣. 구석을 향해 흐느껴 운다는 뜻. 외톨이가 되어 실망하다 또는 고립되어 괴로운 지경에 빠지다는 의미의 말이다.

21 兼程(겸정): 이틀 걸리는 거리를 빠르게 재촉하여 하루에 도달하는 것.

22 詰朝(힐조): 다음 날 아침. 이튿날의 이른 아침.

23 辛剛立(신강립, 1568~?): 본관은 寧越, 자는 而直. 〈火旺城同苦錄〉에 등재되어 있다.

24 道村(도촌): 조선 시대 경상도 榮川郡 도촌. 지금의 경상북도 봉화군 봉화읍 도촌리이다.

남이 장차 피란하려고 이미 먼저 와서 저녁때까지 곤히 누워있었다. 밤 이경(二更)이 되자, 장인어른[婦翁: 金玏]이 백암(栢巖)에서 달려왔는지라 내가 놀라 일어나 옷을 걸치고 나가 절하니, 크게 소리쳐 말하기를, “일이 급박하네.”라고 하였다.

풍기 군수(豐基郡守) 윤극임(尹克任)이 저녁에 읍내를 지나며 이르기를, “사태를 어찌할 수가 없네. 이곳 군수[榮川郡守] 이한(李澣)은 이미 포위 상태에 빠져서 미처 살았는지 죽었는지 알 수가 없는데, 왜적들이 이제 이를 것이네.”라고 하였다. 읍내의 사람들이 이 말을 듣고 공포에 떨며 어찔 줄 몰라서 한데 모여 떠들면서 분주하게 피난가니 관청과 여염집들이 하나같이 텅 비었다. 경성(京城)에서 온 장사(壯士)들이 공급 물자 및 장막 등 기다렸던 것이 버려진 채로 낭자하였다고 한다.

二十三日卓午, 還鑑谷[25], 妻弟將以避亂, 已先來, 終夕困臥。夜二更, 婦翁[26]自栢巖[27]馳來, 余驚起攬衣出拜, 則大呼曰: “事急矣.” 豐基[28]倅尹克任[29], 夕過邑內云: “事無可爲。爾倅李澣[30]已陷

25 鑑谷(감곡): 경상북도 영주시 부석면에 있는 마을. 鑑湖에서 유래된 것인데, 일제가 전통마을의 흔적을 없애려고 甘谷르로 개칭하였다.

26 婦翁(부옹): 參奉 金玏(1536~1626)을 가리킴. 본관은 禮安. 金士明의 둘째아들이다. 金功(1540~1616)의 형이다. 김륵은 백부 金士文의 양자로 갔다.

27 栢巖(백암): 조선 시대 榮川郡 栢巖里. 지금의 경상북도 봉화군 봉화읍 문단리.

28 豐基(풍기): 경상북도 영주시 풍기읍과 예천군 은풍면 지역의 지명.

29 尹克任(윤극임, 1543~1592): 본관은 坡平, 자는 君毅. 아버지는 尹涑이다. 1546년 증광시에 급제하여 진사가 되고 1579년 식년시 문과에 급제하였다.

30 李澣(이한, 생몰년 미상): 본관은 古城. 羽溪 李命男(1556~1619)의 사위이다.

圍中, 未知存歿, 賊今至矣.” 邑內之人聞之, 惶怖失措, 闐咽[31]奔避, 公廨閭家爲之一空。京將士待候供億之資及帳幕之屬, 委棄狼藉云。

4. 이여빈의 처가는 임곡으로, 본가는 감곡으로 피난

24일 이른 아침에 가솔(家率)들을 이끌고 장인과 함께 임곡(林谷)으로 돌아갔다. 임곡은 곧 장인의 형인 인의(引儀) 김면(金勉)의 농사(農舍: 農莊)가 있고, 나도 또한 즉시 도촌(道村)에 어버이가 있는 집으로 돌아가 피란할 곳을 정하고자 하였다. 길을 나서니 과연 피란하는 남녀들이 혹 말을 타기도 하고 혹 걷기도 하며 무수히 올라왔는데, 옷자락 잡고 발 구르며 걸어오는 모습이 참담하여 차마 눈을 뜨고 보지 못할 정도였다. 오후가 되어서야 도촌에서 딸아이를 데리고 감곡(鑑谷)으로 되돌아왔다.

二十四日早朝, 挈家屬與妻父, 共歸林谷[32]。林谷, 卽妻父之兄金引儀[33]農舍, 余亦卽歸道村親庭, 欲定避亂所。中路果有避亂士女, 或騎或步, 無數上來, 牽衣頓足, 行色慘惔, 有不忍見。午後, 自道村携女兒, 還來鑑谷。

1591년 영주 군수로 부임하여 1596년 이임하였다. 아들 李亥生과 李孝生이 있다.

31 闐咽(전인): 한데 모여 떠듦.

32 林谷(임곡): 경상북도 영주시 부석면에 있는 마을.

33 金引儀(김인의): 引儀 金勉(생몰년 미상)을 가리킴. 본관은 禮安, 자는 勉之. 金士明의 첫째아들이다. 이조판서에 추증되었다.

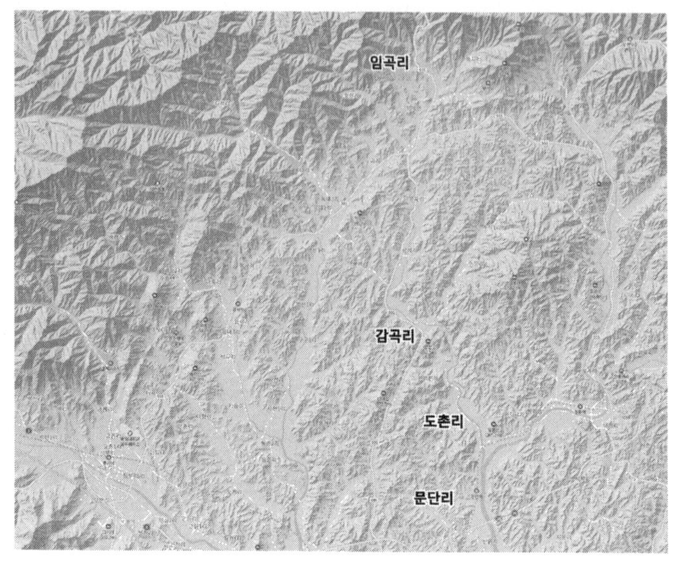

임곡리 · 감곡리 · 도촌리 · 문단리(백암리)

5. 이여빈의 일가붙이와 그 가족들이 피난처로 모임

25일 왜적이 이미 영천(榮川: 榮州)에 들어왔다는 소식을 듣고 고을 수령[李澣]은 미복(微服: 남루한 옷) 차림으로 도피해와 박환(朴桓)의 집에서 쉬었으나 분주해지자 되돌아갔다. 나는 미처 나가 보지 못하였고 정오에 모친을 모시고 왔는데, 동생 이여온(李汝馧)과 이여암(李汝馣) 등이 각기 그 처자식들을 거느리고 내 집으로 피난해 왔다. 삼종대부(三從大父: 8촌 할아버지) 참봉(參奉) 이주(李柱)가 찾아와서 서로 위로하고는 낭패를 당해 거의 죽을 뻔했던 상황을 스스로 말했다.

공(公: 이주)이 당초에 향임(鄕任)으로 군사를 거느리고 싸움터로 나갔으나 미처 진중(陣中)에 이르지도 못했는데, 고을 수령은 삼운군(三運軍)이 도중에 많이 도망쳤다면서 도망간 군사들을 도로 잡아오라고 독촉하였으나, 이미 도망친 군졸들은 마치 땅에 쏟은 물을 병에 주워 담을 수 없는 형세와 같아서 허둥지둥 따를 바를 알지 못했다. 그러나 먹을 양식은 이미 고을 수령이 간 곳에 이르렀다. 마침 풍기 수령[윤극임]을 만나서 후퇴하여 숨으니, 그의 군중(軍中)에 들어가 의지하다가 돌아왔다.

二十五日, 聞賊已入榮川[34], 主倅微服[35]避來, 歇于朴桓家, 奔忙還出去。余未及出見, 卓午陪母親來, 弟汝韞[36]·汝馣[37]等, 各攣其妻子, 來避余家。三從大父參奉柱[38], 來見相慰, 自說狼狽濱死之狀。公初以鄕任[39], 領兵赴戰所, 未及到陣, 主倅以三運軍多道亡, 督令還收散軍, 而已散之卒, 如迸地之水, 無反甁之勢, 蒼黃莫適

34 榮川(영천): 경상북도 榮州 지역의 옛 지명. 동쪽은 봉화군, 남쪽은 안동시·예천군, 서쪽은 충청북도 단양군, 북쪽은 강원도 영월군과 접하는 소백권과 태백권 교통의 중심지이다.

35 微服(미복): 지위가 높은 사람이 어떤 목적으로 남의 눈에 잘 띄지 아니하게 입는 남루한 옷차림.

36 汝韞(여온): 李汝韞(생몰년 미상). 본관은 羽溪. 부친은 李孝信, 조부는 李棠, 증조부는 李大根, 고조부는 李秀亨이다.

37 汝馣(여암): 李汝馣(생몰년 미상). 본관은 羽溪, 자는 善薰.

38 柱(주): 李柱(생몰년 미상). 부친은 李盛根이고, 조부는 李秀亨이다. 羽溪이씨 14세손으로, 李汝馩의 종증조부이다.

39 鄕任(향임): 조선 시대 지방 수령의 자문과 보좌를 위해 향반들이 조직한 향청의 직임.

所從。而資糧則已赴主倅之行。適遇豐倅退遁，入其軍中，依而得還。

6. 영주군수 이한, 관군의 퇴각 소식에 도피

오후에 상사(上舍) 이선응(李善應) 씨가 지나다가 와서 이르기를, “읍내에 허튼소리가 떠도네.”라고 하였다. 곧 방어사(防禦使) 성응길(成應吉)·종사관(從事官) 심희수(沈喜壽)·조방장(助防將) 박종남(朴宗男)의 퇴각하는 군사들이 지나갔다는 소문이었다. 고을 수령이 진중하지 못하여 사태를 자세히 살피지 않고 남보다 먼저 스스로 놀라서 어찌할 바를 몰라 허둥거리며 자취를 감춘 것이었다. 고을 수령과 종매부(從妹夫: 4촌 매부)가 되는지라 드디어 짧은 편지를 보내니, 군수가 그제야 내려와 돌아가는 길에 서로 만났다. 이로부터 봉화(烽火)가 통하지 않은데다 적을 살피며 경계해도 기댈 곳이 없어서 인심이 흩어져 수습할 수가 없었으니, 새가 달아나고 짐승이 도망치듯 하여 마을에는 사는 사람이 없었다.

午後, 李上舍[40]善應[41]氏來過云: “邑內訛言.” 乃防禦使成應吉[42]

---

40 上舍(상사): 조선시대에 성균관의 유생으로서 생원 또는 진사 시험에 합격한 사람을 말함.

41 李上舍善應(이상사선응): 上舍 李頤慶(1549~?)인 듯. 본관은 全州, 자는 善應. 초명은 李順慶. 1600년에 별시 문과에 급제하였다.

42 成應吉(성응길, 생몰년 미상): 본관은 昌寧, 자는 德一. 成渾의 재종당질이다. 무과에 급제한 뒤 여러 관직을 거쳐 1563년 사복시판관이 되었는데 私奴를 馬賊으로 잘못 알고 살해하여 파직당하였다. 그 뒤 복직되어 1587년에 順川府使,

·從事官沈喜壽[43]·助防將朴宗男, 退軍之行也。主倅輕佻不能詳審, 先自驚惑賴沈。於主倅爲從妹夫[44], 遂折簡[45]送之, 主倅乃下歸相會。自此, 烽燧[46]不通, 候望[47]無憑, 人心潰散, 莫可收拾, 禽奔獸走, 巷無居人。

1589년에 전라병사를 역임하였다. 1592년에 임진왜란이 일어나자 左防禦使로 임명되어 경상도로 가던 중 조방장 朴宗男과 함께 義興에서 왜적을 만나 죽령을 거쳐 의주 行在所로 향하였다. 전란중 방어사 沈喜壽의 종사관으로 활약하고 遼東에 들어가 원병을 요청하는 한편 명나라 장수 접대 등에 공로가 많다 하여 扈聖功臣에 거론되었으나 책록되지 못하였다.

43 沈喜壽(심희수, 1548~1622): 본관은 青松, 자는 伯懼, 호는 一松·水雷累人. 1589년 獻納으로 있을 때 鄭汝立의 옥사가 확대되는 것을 막으려 했으나, 조정과 뜻이 맞지 않아 한때 사임했다. 이듬해 副應敎가 되었다. 1591년에는 응교로서 宣慰使가 되어 동래에서 일본사신을 맞았으며, 이어 간관이 되어 여러 차례 직언을 하다 선조의 비위에 거슬려 司成으로 전직되었다. 1592년 임진왜란 때는 의주로 선조를 호종하여 도승지로 승진하고, 대사헌이 되었다. 때마침 명나라 詔使가 오자 다시 도승지가 되어 응접했는데, 이는 중국어를 잘했기 때문이다. 그해 겨울 형조판서를 거쳐 호조판서가 되어 명나라 經略 宋應昌의 접반사로서 오래도록 西道에 있었으며, 송응창을 설득하여 관서의 飢民救濟에 진력하였다.

44 於主倅爲從妹夫(어주쉬위종매부): 고을수령은 李澣으로 李命男의 사위인데, 이명남은 仁淑→景衍→徵→之芳→光軾→戩→成憲→命男이고, 이여빈은 仁淑→景昌→秀亨→大根→棠→孝信→汝馪인바, 이한은 이여빈에게 족손서가 됨. 원전은 착종이다.

45 折簡(절간): 가운데를 접은 짧은 편지를 일컬음.

46 烽燧(봉수): 높은 산정에 봉화대를 설치해 정세를 중앙에 전달하는 군사통신 조직.

47 候望(후망): 높은 곳에 올라가 적을 살피며 경계하던 일.

7. 방어사 성응길 풍기로 돌아가자 영주가 아수라장

27일 김익선(金益善) 씨와 임곡(林谷)에서 되돌아왔다. 임곡이 비록 깊고 후미진 곳에 있을망정 거짓으로 떠도는 말이 더욱 심하여 하루에도 네댓 번이나 놀라게 되니, 앞으로는 마침내 집에 머물러 있기로 정하였다.

방어사(防禦使: 성응길)가 영천(榮川: 영주)에서 풍기(豐基)로 돌아가면서 창고의 곡식을 모조리 나누어주고 쌓아둔 곡식도 태워 버리도록 명령을 전하였으며, 심지어 민가에 저장해둔 곡식 또한 모조리 나누어주도록 명하였다. 이 명령이 일단 내려지자, 숨어 있던 백성들이 일어나 도적이 되어서 관청의 곡식을 모조리 털어 갔고, 또 부유한 백성들이 비축해둔 것을 공공연하게 무리를 모아 마주보며 빼앗아서 훔쳐 갔다. 관아에서는 그 아랫사람에게 능히 명령을 내릴 수가 없었고, 주인은 그 하인을 능히 제어할 수 없었으니, 오랑캐처럼 기율(紀律)이 사라져버린 듯했다. 처삼촌 참의(參議) 김륵(金玏)이 안집사(安集使)의 임명을 받아 이날 비로소 도착했는데, 무너지고 흩어진 것이 이와 같아서 다시 손댈 곳이 없었다. 그리하여 풍기에서 구불구불 샛길을 따라 그의 대부인(大夫人: 양모 인동장씨)의 피난처로 가서 살폈다.

방어사(防禦使: 성응길)와 제공(諸公)들이 모두 죽령(竹嶺)을 거쳐 가버리니, 온 도(道)의 안에 다시는 주관할 자가 없었다. 여러 고을의 수령들이 모두 다 머리를 움켜쥐고 쥐처럼 도망치자, 영천(榮川: 榮州) 고을의 수령 또한 영월(寧越) 경계로 들어가니 장차 강원도를 거쳐 도망치려는 것이다. 이로부터 어리석고 사나운 자들이 모두 무법천지로 여기고서 조금도 거리낌 없이 강제로 약자를 잡아먹고자 서로 칼을 가니, 임금과 아비가 있는 것인지 나라의 법도가 있는 것인지 멍하니 알지 못하겠다.

경성(京城)의 기별은 비록 포졸(逋卒: 군역 회피자)을 통해 듣는 것이지만, 소식이나 편지가 믿을 만한 것이 없었다. 오랜 뒤에야 대가(大駕)가 피란하여 기도(箕都: 평양)로 옮겨갔고, 기도도 급박해지자 또다시 용만(龍灣)으로 옮겨간 것을 알았다. 그 사이에 왜적의 형세에 대한 소문은 단지 궁벽하고 누추한 곳에만 있어서 자세히 알지도 못한데다, 비록 소문을 들은 것이 있을망정 서로 다른 것도 많아서 감히 함께 기록할 수가 없다.

二十七日, 與金益善甫, 自林谷還來。林谷雖在深僻, 訛言尤甚, 一日四五驚, 從此遂定在家。防禦使, 自榮川歸豐基, 傳令盡散倉穀, 燒其積聚, 至於民家儲穀, 亦令盡散。此令一下, 隱民起爲盜賊, 蕩盡官穀, 又及富民儲蓄, 公然聚衆, 對面攘竊。官不能令其下, 主不能制其奴, 如蠻如獠, 紀律蕩然。妻叔金參議玏[48], 受安集之命, 是日始到, 而潰散如此, 無復着手處。自豐基, 迤從間道, 就省其大夫人[49]避亂所。防禦使諸公, 皆由竹嶺[50]而去, 一

---

48 金參議玏(김참의륵): 參議 金玏(1540~1616). 본관은 禮安, 자는 希玉, 호는 柏巖. 생부는 金士明이고, 백부 金士文에게 입양되었다. 1576년 식년문과에 급제하여 1584년 영월군수를 지냈다. 형조참의를 거쳐 1592년 임진왜란 때는 安集使로 영남 지방의 민심을 수습하고 9월에 안동부사가 되었다가, 1595년 대사헌이 되어 時務十六條를 상소하였다. 1599년 명나라 장수를 접반하고 예조참판에서 충청도관찰사로 나갔다.

49 大夫人(대부인): 金玏의 백모이자 양모 仁同張氏. 1549년 백부이자 양부인 金

道之內, 更無主者。列邑守令, 悉皆捧頭鼠竄, 榮倅亦入寧越[51]境, 將由江原道遁去。自是, 愚悍之人, 皆以爲無法, 不復忌憚, 强食弱肉, 相刃相劘, 漠然不知有君父有邦憲矣。京城之奇, 雖因逋卒[52]得聞, 而無信書可憑。久乃得知移御[53]箕都[54], 箕都急, 又移于龍灣[55]矣。其間賊勢聲息, 獨在僻陋, 亦不得詳知, 雖有所聞, 亦多異同, 不敢並錄。

8. 왜적 상주와 충주를 함락, 이일의 도피와 신립의 달천강 투신

왜적이 애초 부산(釜山)과 동래(東萊)를 함락했을 때 감사(監司: 김수)가 명령을 내렸는데, 그 뜻이 오로지 경상좌도에만 있다고 여긴 좌도의 사람들은 그로부터 더욱 놀라고 의심하여 무엇을 의뢰해야 할지 몰랐다. 그런데 죽령(竹嶺) 길이 험준하고 좁기가 더욱 심해서

士文의 상을, 1560년 생모상을, 1568년 생부상을 당하였으며, 1586년 主簿 張順禧의 딸인 부인 仁同張氏 상을 당하였다.

50 竹嶺(죽령): 경상북도 영주시 풍기읍과 충청북도 단양군 대강면 사이에 있는 고개.

51 寧越(영월): 강원도 남부에 있는 고을. 동쪽은 태백시, 서쪽은 원주시, 남쪽은 충청북도 제천시·단양군 및 경상북도 영주시, 북쪽은 평창군·정선군 등과 접하고 있다.

52 逋卒(포졸): 군역의 의무를 피해 도망간 사람.

53 移御(이어): 임금이 거처하는 곳을 옮김.

54 箕都(기도): 平壤을 달리 이르는 말. 箕子朝鮮의 수도로 인식되었던 데서 유래한다.

55 龍灣(용만): 평안북도 의주의 옛 이름.

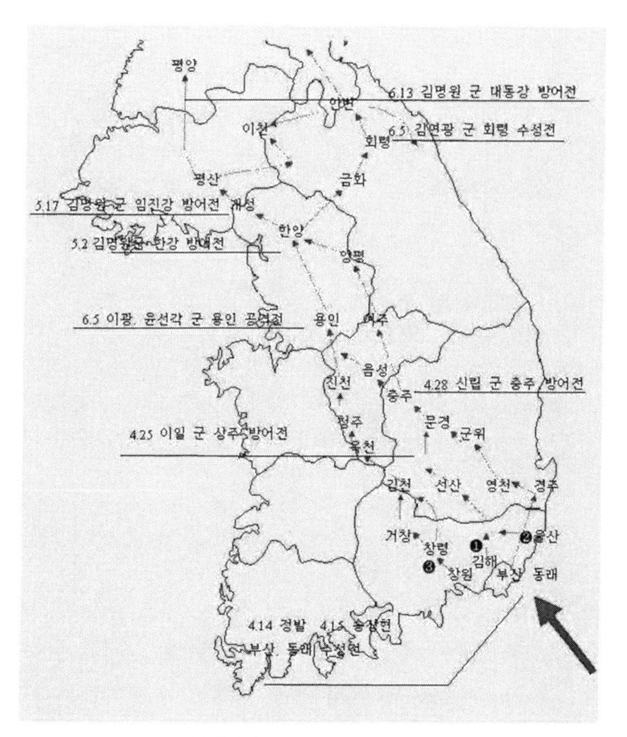

임진왜란 당시 왜적의 진격로

왜적들이 이를 꺼려 마침내 조령(鳥嶺)으로 진격하니, 경상우도의 군읍(郡邑)들이 많이 함몰되었다.

이때 우도 방어사(右道防禦使) 이일(李鎰)이 상주(尙州)에 도착하여 병사와 백성들을 불러 모아서 겨우 2천여 명을 얻자 엉성하게라도 대충 진(陣)을 쳤으나, 미처 형세를 갖추기도 전에 갑자기 왜적들과 마주치니 태산이 새알을 누르는 듯해 우리 군사들이 남김없이 섬멸되었고 왜적은 마침내 조령을 넘었다.

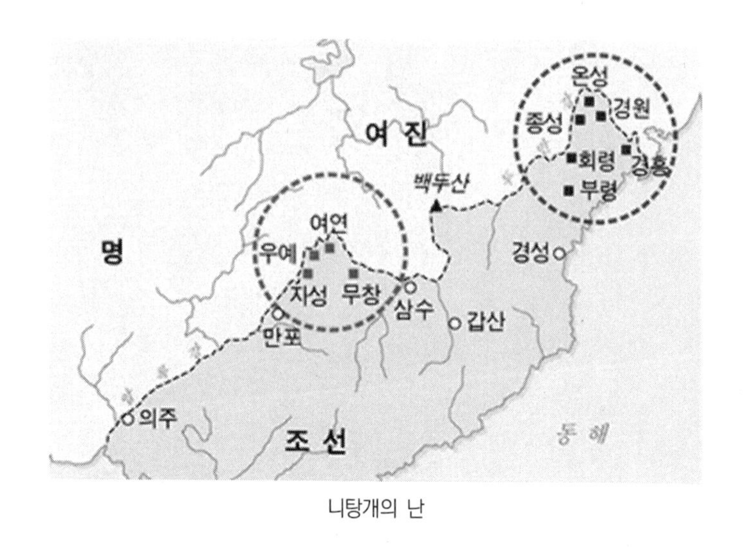

니탕개의 난

신립(申砬) 또한 충주(忠州)에 와서 성을 지키지 않고 버려둔 채로 나가 탄금대(彈琴臺) 아래에 주둔하면서 강물을 등지고 진(陣)을 쳤다. 적의 기세가 승세를 탔는데 그 기세가 마치 비바람이 몰려오는 듯해 우리 군사들은 쓰러지고 감히 버텨낼 수가 없어서 마침내 밀려나게 되자, 탄금대 아래로 빠져 죽어서 강물이 막혀 흐르지 않았다고 한다. 신립이 이전에 온성 부사(穩城府使)였을 때 북쪽 오랑캐 니탕개(尼湯介)를 쳐서 물리쳤고 경원(慶源)·경흥(慶興)이 그에 힘입어 보전되었으니, 이로써 명성이 당대에 두터웠다. 주상(主上)이 만리장성처럼 믿었지만, 신립은 단지 한 사람의 용사일 뿐이지 병사들을 지휘하는 것이 능한 바가 아니었다. 졸지에 대규모의 적을 만나 매우 딱하게도 일을 그르치고 말았다. 이로부터 교만해진 왜적은 승승장구하였으니, 병사들이 지체하지 않고 가서 곧바로 경성(京

城)을 쳐들어갔고 행재소(行在所)까지 진격하여 핍박하였으니, 오호 통재라!

賊之初陷釜山·東萊也, 監司傳令, 以爲其意專在左道[56], 左道之人, 自是尤惶惑, 不知所爲賴。竹嶺之路, 險隘尤甚, 賊憚之, 遂由鳥嶺[57]而進, 右道郡邑, 多被陷沒。時右道防禦使李鎰[58], 來到尙州[59], 招集兵民, 僅得二千餘名, 草草結陣, 未成形勢, 猝遇賊至, 如山壓卵, 我師殲盡, 賊遂踰嶺。申砬[60]亦來忠州[61], 棄城

---

56 專在左道(전재좌도): 전후 문맥은 경상감사 金睟가 내린 명령이 경상좌도에만 해당된다고 보아서 좌도에 속한 榮州가 전란에 휩싸일 것으로 생각하게 되었다는 뜻.

57 鳥嶺(조령): 경상북도 문경시 문경읍과 충청북도 괴산군 연풍면 사이에 있는 고개.

58 李鎰(이일, 1538~1601): 본관은 龍仁, 자는 重卿. 1558년 무과에 급제하여, 전라도 수군절도사로 있다가, 1583년 尼湯介가 慶源과 鐘城에 침입하자 慶源府使가 되어 이를 격퇴하였다. 임진왜란 때 巡邊使로 尙州에서 왜군과 싸우다가 크게 패배하고 충주로 후퇴하였다. 충주에서 도순변사 申砬의 진영에 들어가 재차 왜적과 싸웠으나 패하고 황해로 도망하였다. 그 후 임진강·평양 등을 방어하고 東邊防禦使가 되었다. 이듬해 평안도 병마절도사 때 명나라 원병과 평양을 수복하였다. 서울 탈환 후 訓鍊都監이 설치되자 左知事로 군대를 훈련했고, 후에 함북 순변사와 충청도·전라도·경상도 등 3도 순변사를 거쳐 武勇大將을 지냈다. 1600년 함경남도병마절도사가 되었다가 병으로 사직하고, 1601년 부하를 죽였다는 살인죄의 혐의를 받고 붙잡혀 호송되다가 定平에서 병사했다.

59 尙州(상주): 경상북도 서북부에 있는 고을. 동쪽은 예천군·의성군, 서쪽은 충청북도 옥천군·보은군·영동군, 남쪽은 구미시·김천시, 북쪽은 문경시와 접한다.

60 申砬(신립, 1546~1592): 본관은 平山, 자는 立之. 1567년 무과에 급제하여 1583년 북변에 침입해온 尼湯介를 격퇴하고 두만강을 건너가 野人의 소굴을 소탕하고 개선, 함경북도 병마절도사에 올랐다. 임진왜란 때 三道都巡邊使로 임명되어 忠州 㺚川江 彈琴臺에서 背水之陣을 치며 왜군과 분투하다 패배하여 부하 金汝岉과 함께 강물에 투신 자결했다.

61 忠州(충주): 충청북도 북부에 있는 고을. 동북쪽은 제천시, 서쪽은 음성군, 남쪽

不守，出屯彈琴臺[62]下，背水而陣。賊勢乘勝，勢如風雨，我軍披靡，莫敢枝梧[63]，遂爲所擠，溺死臺下，水爲不流云。砬前守穩城[64]時，擊却北胡尼湯介[65]，慶源[66]·慶興[67]，賴而保全，以此名重一時。主上恃爲長城，然砬特一勇士，將兵非所長也。猝遇大敵，狼狽僨事[68]。自此，驕賊長驅，兵不留行，直擣京城，進逼行在，嗚呼痛哉。

9. 안집사 김륵이 5월 보름 이후 고을 순시와 민심 수습

좌도(左道: 경상좌도)는 곧 죽령(竹嶺) 이하의 고을들이 더러는 많이 보전되었으나, 사람들의 계책이 좋지 못하여 먼저 스스로 겁을

은 괴산군과 경상북도 문경시, 북쪽은 강원도 원주시·경기도 여주시와 접한다.

62 彈琴臺(탄금대): 충청북도 충주시 북서쪽 4㎞ 지점에 있음. 남한강과 달천강이 합류하는 두물머리에 자리를 잡고 있다.

63 枝梧(지오): 버팀.

64 穩城(온성): 함경북도 최북단에 있는 고을. 동·서·북쪽은 두만강을 국경으로 하여 중국 吉林省·琿春·圖們 지방과 마주 대하고 있으며, 남쪽은 종성군·경원군과 접한다.

65 尼湯介(니탕개): 조선 시대 두만강 주변에 살던 여진족 추장.

66 慶源(경원): 함경북도 북단에 있는 고을. 동쪽은 두만강을 경계로 중국 동북 지방의 松江省(현재의 吉林省), 서쪽은 종성군, 남쪽은 경흥군, 북쪽은 온성군과 접한다.

67 慶興(경흥): 함경북도 북동부의 두만강 하구에 있는 고을. 동쪽은 두만강을 경계로 하여 중국 동북지방의 松江省(현재의 吉林省) 및 러시아의 沿海州, 서쪽은 종성군, 북쪽은 경원군, 남쪽은 동해와 접한다.

68 僨事(분사): 일을 그르침.

먹고 군량·물자·기계를 이미 모두 탕진하여 남은 것이 없었다.

안집사(安集使: 김륵)가 5월 보름 이후부터 비로소 여러 고을을 순시하자, 이웃 고을 수령으로 황시(黃是)·이한(李澣) 같은 자가 또한 나와서 일을 보기 시작하였다. 그 나머지 예천(醴泉)·풍기(豐基)·안동(安東)·의성(義城)·의흥(義興) 등은 모두 성을 버리고 멀리 도망쳤다. 그러므로 안집사가 각 고을에 살고 있는 유식한 품관(品官)을 가장(假將)으로 삼아서 통솔하게 하였다.

左道則竹嶺以下之邑, 或多保全, 而人謀不臧[69], 先自恇㤼, 資糧器械, 已皆蕩盡無餘。安集使, 自五月望後, 始巡列邑, 近邑守令, 如黃是[70]·李澣, 亦始出視事焉。其餘醴泉[71]·豐基·安東[72]·義城·義興[73]等, 皆棄城遠遁。故安集使, 令其各邑所居有識品官人, 爲假將[74]以領之。

---

69 不臧(부장): 좋지 않음.

70 黃是(황시, 1555~1626): 본관은 昌原, 자는 是之, 호는 負暄堂. 1579년 사마시에 합격하고, 1584년 친시 문과에 급제하였다. 1594년 병조정랑을 거쳐 지평, 이듬해 問禮官과 응교를 지냈다. 1596년 시강원 보덕을 거쳐 사성을 지내고, 뒤에 청송 부사가 되어서는 선정을 베풀었다.

71 醴泉(예천): 경상북도 북서부에 있는 고을. 동쪽은 안동시, 서쪽은 문경시, 남쪽은 상주시·의성군, 북쪽은 영주시·충청북도 단양군과 접한다.

72 安東(안동): 경상북도 북부 중심에 있는 고을. 동쪽은 영양군·청송군, 서쪽은 예천군, 남쪽은 의성군, 북쪽은 영주시·봉화군과 접한다.

73 義興(의흥): 경상북도 군위군 북동부에 있는 고을. 남동쪽은 삼국유사면, 남서쪽은 우보면·산성면, 북쪽은 의성군과 접한다.

74 假將(가장): 戰場에서 장수의 결원이 있을 때, 정식 임명으로 보충하기 전까지 主將의 명령으로 그 직무를 맡아보게 한 임시 장수.

10. 경상 좌우도로 나누어 이성임과 김수를 방백으로 파견

난리가 처음 일어났을 때, 조정에서 영남(嶺南)은 토지가 넓은데다 군무(軍務)도 방대하고 번잡한 것으로 여겨 특별히 좌도와 우도에 각기 방백을 내보냈으니, 우도는 전임 방백 김수(金睟)를 그대로 임명하였고 좌도는 이성임(李聖任)을 임명하였다. 이성임은 겁이 많아서 감히 부임해 오지 않았으나 좌도의 사람들이 애초에 감사가 있는지 알지 못했는데, 5월 10일 후로 강원 감사(江原監司) 류영길(柳永吉)이 교지(敎旨)에 의거하여 보낸 관문(關文: 공문)에 "좌도 감사(左道監司) 이성임"이라고 말한 내용이 있어서 비로소 좌도와 우도로 나누어 감사를 둔 사실을 알았다. 이성임 또한 끝내 부임해 오지 않아 백성들의 의혹은 더욱 심해지는 데다 좌도의 일들은 끝내 담당할 사람이 없자, 안집사(安集使: 김륵)가 모두 임시로 도맡아 보았다.

왜적들이 처음 조령(鳥嶺)을 넘을 때는 경성(京城)을 침범하기에만 급박하여 이웃 고을로 난입하는 지경에 이르지 않았으나, 5월 보름 이후부터는 용궁(龍宮)과 예천(醴泉) 사이를 불태우고 약탈하였다. 안집사가 이웃 고을의 군사들을 징발하여 6월 9일 나아가 치려 했지만, 병사를 통솔하는 자가 없는 데다 또 기율(紀律)까지 없어서 거의 모두 왜적을 보면 먼저 도망쳤다.

亂之初生也, 朝廷以嶺南土地廣大, 軍務浩繁, 特於左右道, 各出方伯, 右道則以前方伯金睟因任[75], 左道則以李聖任[76]爲之。聖任恇㤼不敢來, 左道之人, 初不知有監司, 五月旬後, 江原監司柳永吉[77]據敎旨通關, 有曰: "左道監司李聖任."云云, 始知分左右道, 置監司矣。聖任亦終不來, 民之疑惑滋甚, 一道之事, 終無所屬, 安集使皆權摠焉。賊之初踰鳥嶺也, 急於犯京, 不至攔入傍邑, 自五月望後, 始焚劫龍宮[78]·醴泉間。安集使調發[79]傍邑軍, 六月初九日進討, 然兵無所統, 又無紀律, 擧皆見賊先遁。

11. 우복룡과 신지제의 분전에도 용궁과 예안 혼란

이때 용궁 현감(龍宮縣監) 우복룡(禹伏龍)과 예안 현감(禮安縣監)

---

75 因任(인임): 종전대로 임명함.

76 李聖任(이성임, 1555~?): 본관은 全州, 자는 君重, 호는 月村. 1583년 聖節使의 書狀官으로 명나라에 다녀왔고, 이듬해 암행어사로 파견되어 안산군수 洪可臣과 삭녕군수 曺大乾이 선치가 있음을 아뢰어 승진하도록 하였다. 1590년 담양부사가 되었으며, 1592년 임진왜란이 일어나자 자청하여 경상도관찰사가 되어, 몸소 군사를 모집하여 왜적을 토벌하려 하였으나 전선이 막혀 뜻을 이루지 못하고 돌아왔다. 곧 순찰부사가 되어 민병 800여명을 거느리고 전선으로 나아가 참찬 韓應寅의 군무를 도왔으나, 임진강의 방어선이 무너져 사태가 급박하여지자 패주하였다. 패주한 죄로 사헌부의 탄핵을 받아 한때 파직당하였으나, 1594년 강원감사·길주목사·황해도관찰사가 되었다.

77 柳永吉(류영길, 1538~1601): 본관은 全州, 자는 德純, 호는 月峰. 1589년 강원도관찰사가 되어 임진왜란 때 춘천에 있었는데, 이때 조방장 元豪가 驪州 甓寺에서 왜군의 도하를 막고 있었는데, 檄書를 보내어 본도로 호출함으로써 적의 도하를 가능하게 하는 실책을 범하였다. 1593년 도총관·한성부우윤을 역임하고, 다음해 賑恤使가 되었으나 언관의 탄핵을 받아 파직되었다. 1597년 정유재란이 일어나자 호군·연안부사가 되고, 2년 뒤 병조참판·경기도관찰사를 역임하였다.

78 龍宮(용궁): 경상북도 예천의 중서부에 있는 고을.

79 調發(조발): 전쟁 혹은 徭役에 사람·馬匹·물품 등을 징발하는 것.

신지제(申之悌)가 영주 수령(榮州倅: 이한)과 봉화 수령(奉化倅: 황시)이 도망하였다가 돌아온 것을 보고 유독 분개하며 진(陣)을 치고 기다렸다. 15일에 이르러 갑자기 왜적들과 마주치게 되어 미처 진을 치기도 전에 왜적들에게 습격을 받아 간신히 목숨만 건졌다. 이때부터 왜적들이 승승장구하여 용궁과 예천 사이가 모두 무너져 감천(甘泉)까지 깊이 쳐들어왔다. 감천은 곧 안동(安東: 안동부)의 속현(屬縣)으로 영주군까지 거리가 겨우 30여 리이니, 사람들 모두 놀라고 당황하여 도망쳐 피했다.

이에 앞서 왜적이 칼날이 조금 멀어지자, 농민들이 많이 자기 집으로 내려가서 논밭을 일구었고, 사녀(士女)들 또한 집으로 내려간 자가 많이 있었다. 그런데 이 시기에 이르러 바람에 쏠리고 물결에 휩쓸리듯 급속도로 무너지자, 집에 있던 자들이 산으로 올라가고 산에 올라갔던 자들이 더 깊숙한 곳으로 들어갔다. 우리 고을의 수령은 이미 모아두었던 군량·물자·기계를 다시 흩어버리고 용궁 현감 우복룡과 함께 영주군 북쪽에 있는 애전(艾田)의 생달동(生達洞)으로 피하여 숨어버렸다.

나 또한 집에 있을 수가 없었으니, 18일에 처자식을 거느리고 생달동 옆으로 피난하였다. 그러나 왜적이 영천(榮川: 영주)으로 쳐들어오지 않고 곧장 안동(安東)으로 달려가 영천의 온 경내가 특별히 병화를 면했으나 사람들이 감히 산에서 내려오지 않았으니, 아침저녁으로 왜적들이 다시 와서 도륙할 것이라 여겼기 때문이었다.

時龍宮縣監禹伏龍[80]·禮安[81]縣監申之悌[82], 見榮倅·奉倅逋還, 獨慨然留陣以俟。至十五日, 猝遇賊至, 未及成陣, 爲賊所襲, 僅以身免。自此, 賊徒長驅, 龍醴之間皆淪沒, 深入甘泉[83]。甘泉乃安東屬縣, 距榮郡纔三十餘里, 人皆惶駭奔避。前此, 賊鋒稍遠, 農民多下其家, 耕耘田畝, 士女亦多有下家者。至此, 風靡波蕩, 在家者上山, 上山者深入。主倅復散所聚資糧器械, 與龍倅禹伏龍, 避匿郡北艾田[84]生達洞[85]。余亦不能在家, 乃於十八日, 挈妻子, 避于生達洞之傍。賊不入榮川, 直走安東, 榮川一境, 特免兵燹, 然人不敢下山, 以爲朝夕且來屠也。

---

80 禹伏龍(우복룡, 1541~1613): 본관은 丹陽, 자는 현길(見吉), 호는 懼庵·東溪. 1573년 司馬試에 합격하여 성균관 유생이 되었다. 임진왜란 때 龍宮縣監으로 용궁을 끝까지 방어, 그 공으로 安東府使에 올랐다. 1599년 洪州牧使가 되어 선정을 베풀고, 羅州牧使·忠州牧使를 거쳐 1612년 成川府使에 이르렀다.

81 禮安(예안): 경상북도 안동시의 북동쪽에 있는 고을. 동쪽은 영양군 청기면, 서쪽은 와룡면, 남쪽은 임동면, 북쪽은 도산면·봉화군 재산면과 접한다.

82 申之悌(신지제, 1562~1624): 본관은 鵝洲, 자는 順夫, 호는 梧峯. 의성 출신이다. 1589년 증광문과에 급제, 1601년 正言·예조좌랑, 이듬해 持平·成均館典籍 등을 거쳐 1604년 世子侍講院文學·成均館直講을 역임하였다. 1613년 창원부사로 나가 백성을 괴롭히던 明火賊을 토평하고 민심을 안정시켜 그 공으로 통정대부에 올랐고, 인조반정 초에 동부승지에 제수되었으나 부임하지 못하고 죽었다.

83 甘泉(감천): 경상북도 예천 지역의 옛 지명. 安東府에 예속되었다.

84 艾田(애전): 경상북도 봉화군 물야면 오전. 쑥이 많이 난다고 하여 불렸던 것이지만 세월의 흐름에 따라 오전으로 불리게 되었다고 한다.

85 生達洞(생달동): 경상북도 봉화군 물야면 오전에 있는 마을. 先達山에서 흘러내리는 하천이 마을을 가로질러 흘러가는데 굽이쳐 흘러내리는 형세가 마치 둥글게 두 개의 달과 같은 형상이라고 하여 쌍달이라고 부르던 것이 변천하여 생달이라고 부르게 되었다고 한다.

12. 박진이 병사가 되어 내려옴

7월 1일 병사(兵使)가 온양(溫陽)에서 어명을 받들어 내려온다는 소식을 비로소 들었는데, 병사는 곧 밀양 부사(密陽府使) 박진(朴晉)이었다. 박진은 난리가 일어난 초기에 홀로 능히 성을 지키며 전투한 공로가 있었기 때문에 이각(李玨: 경상좌병사)을 참하고 그를 대신하게 한 것이다. 이때 도내(道內)에는 오랫동안 주장(主將)이 없었는데 문득 그가 온다는 소식을 듣고서야 비로소 조정에서 호령이 내려진 것을 알았다. 우리 고을 수령[李辭]이 이에 비로소 석남촌(石嵐村) 집으로 내려와 장차 병사(兵使)의 부름에 응하려 하였다.

때마침 안동부(安東府)에 있던 왜군 1번대가 예안(禮安)을 나누어 차지하고 있었는데, 병사(兵使: 박진)가 장차 그들을 공격하려고 급급하게 병사들을 모았으나, 사람들이 모두 새벽하늘의 별처럼 뿔뿔이 흩어져서 형편상 갑자기 모으기가 어려웠다. 온 고을 선비들이 마침내 모두 산으로 올라가는 바람에 도망친 군졸들을 수색하여 잡아서 군대의 모양을 이루었고, 또 부자들이 사사로이 쌓아놓은 곡식을 내어서 군량에 보태었다. 우리 고을 수령이 근근이 널리 농민들을 모았는데, 200여 명의 병졸이 홍정(洪亭)에 나아가 진을 쳤으나 과연 진군(進軍)할 수가 없었다. 우리 고을 수령이 이에 군대를 돌려 읍내에 나아가 진을 쳤다. 이로부터 차츰 체모가 섰다.

七月初一日，始聞兵使自溫陽[86]承命下來。兵使乃密陽府使朴晉[87]也。晉在亂初，獨能嬰城[88]，有戰鬪功，故斬李玨以代之。時

---

86 溫陽(온양): 충청남도 북부에 있는 고을. 충청남도 아산시 온양동이다.

道內久無主將，忽聞其來，始知朝廷有號令焉。主倅於是始下石嵐村[89]舍，將以應兵使之徵焉。時安東府倭一運，分據禮安，兵使將擊之，急急聚兵，人皆星散[90]，勢難猝合。一鄕士子，遂皆登山，搜捕亡卒，以成軍容，又出富民私儲，以佐軍糧。主倅僅僅，摶聚農民，二百餘兵，進屯洪亭[91]，果不進兵。主倅乃還軍，進屯邑

---

87 朴晉(박진, ?~1597): 본관은 密陽, 자는 明甫, 시호는 毅烈. 밀양 부사였을 때 임진왜란이 일어나자 李珏과 함께 蘇山을 지키다가 패하여 성안으로 돌아왔다가, 적병이 밀려오자 성에 불을 지르고 후퇴했다. 이후 경상좌도 병마절도사로 임명되어 나머지 병사를 수습하고, 군사를 나누어 소규모의 전투를 수행하여 적세를 저지하였다. 1592년 8월 영천의 민중이 의병을 결성하고 永川城을 근거지로 하여 안동과 상응하고 있었던 왜적을 격파하려 하자, 별장 權應銖를 파견, 그들을 지휘하게 하여 영천성을 탈환하였다. 이어서 안강에서 여러 장수들과 회동하고 16개 邑의 병력을 모아 경주성을 공격하였으나 복병의 기습으로 실패하였다. 그러나 한 달 뒤에 군사를 재정비하고 飛擊震天雷를 사용하여 경주성을 다시 공략하여 많은 수의 왜적을 베고 성을 탈환하였다. 이 결과 왜적은 상주나 서생포로 물러나지 않을 수 없었고, 영남지역 수십 개의 읍이 적의 초략을 면할 수 있었다. 1593년 督捕使로 밀양·울산 등지에서 전과를 올렸고, 1594년 2월 경상우도 병마절도사, 같은 해 10월 순천부사, 이어서 전라도 병마절도사, 1596년 11월 황해도 병마절도사 겸 황주 목사를 지내고 뒤에 참판에 올랐다.

88 嬰城(영성): 籠城하여 굳게 지킴을 말함.

89 石嵐村(석남촌): 경상북도 영주시 부석면 감곡리에 있는 석남 마을. 1700년대 초 행정구역을 정비할 때 이곳 선비들이 모여 城南이라 불렀다고 하며, 조선 말 행정구역 개편 때는 石南으로 개칭되었는데 경상북도 지명유래 총람에서 '마을 앞산에 집채만한 큰 바위가 공중에 뜬 듯 솟아 있어 이를 공중바위라 불렀고, 이 바위가 남쪽을 보고 있다.'라고 하여 그 유래가 밝혀져 있다. 다만 한자표기 서로 부합하지 않는다. 아마도 1700년 이전의 한자 표기이라서 그런 것으로 보인다.

90 星散(성산): 새벽 하늘의 별처럼 사물이 뿔뿔이 흩어짐.

91 洪亭(홍정): 경상북도 영주와 안동의 경계에 있는 정자. 聾巖 李賢輔(1467~1555)가 영주 수령으로 있을 때 지었다고 한다. 召憩亭으로 불리다가

內。自是，稍成體貌[92]。

13. 안동 왜장 원강이 풍산현 구담리로 옮겨 주둔

그 후로 예안(禮安)의 왜적들이 안동(安東)의 왜적들과 합세하였다. 안동의 왜장은 이름이 원강(元康: 毛利元康)이라 하였다. 때마침 방문(榜文)을 써서 길거리에 달았는데 자신의 성명을 적고서 우리나라 사람들을 타일렀기 때문에 그가 원강(元康)임을 알았다. 얼마 되지 않아 안동의 왜적들이 또 안동부를 버리고 풍산현(豐山縣: 풍천면) 구담리(九潭里)로 옮겨 주둔하였다. 병사(兵使)가 비로소 청송(青松)에서 와 안집사(安集使: 김륵)를 만나본 후에 안동으로 돌아와 진을 쳤다. 그러나 구담리에 주둔한 왜적은 비록 안동부의 지경에 있었으나 지세가 좋지 못하여 불리하니 마침내 공격해오지 않았다. 이때 용사들을 모집하여 밤에만 왜적의 진영을 공격할 따름이었다. 한 달 남짓 지나자 구담리에 주둔했던 왜적 또한 철수해 가버렸다.

其後，禮安之倭，合于安東。安東倭將，名曰元康[93]。時以書榜，于道路而題其名，以諭本國民人，故知其爲元康。未幾，安東之倭，又棄本府，移屯豐山[94]縣九潭里[95]。兵使始自青松[96]，來會

松石臺라고 불렸다. 裵幼章(1618~1687)의 〈淸凉山遊錄〉에 나온다.

92 體貌(체모): 남을 대하기에 떳떳한 도리나 얼굴.

93 元康(원강): 모리 모토야스. 毛利元康(1560~1601).

94 豐山(풍산): 오늘날 경상북도 안동시 남서부에 있는 豐川 고을. 동쪽은 남후면, 남동쪽은 일직면, 북동쪽은 풍산읍, 남쪽과 서쪽은 의성군 신평면, 북서쪽은 예

安集使, 然後還陣安東。然九潭之倭, 雖在府境, 地勢非便, 竟不加兵。時募勇士, 夜擊其營而已。居月餘, 九潭之賊, 亦撤去。

14. 권응수·정대임 영천에서 승전, 병사 박진 경주에서 대패

이때 영천군(永川郡)에 주둔해 있던 왜적 또한 거의 2,000여 명이나 되었는데, 신녕 대장(新寧隊將) 권응수(權應銖)·영천 대장(永川隊將) 정대임(鄭大任) 등이 병사(兵使: 박진)에게 진격하여 무찔러 없애자고 힘써 청하였다. 그러나 병사(兵使)는 난색을 지으며 결정하지 못하고 물러나 안동에 있으면서 머뭇거리며 관망만 하였다. 권응수 등이 의기를 떨쳐 계책을 협의하고 진격하여 왜적을 멸하였다. 전란을 당한 이래 없었던 것으로 드디어 온 도의 통쾌한 일이었으니, 병사(兵使) 박진(朴晉)에게 왜적의 수급(首級)을 바치자 박진이 부끄러워하는 기색을 띠었다. 그 후에 병사(兵使)가 군관(軍官)을 남겨서 안동을 지키게 하고 스스로는 경주(慶州)의 속현(屬縣)으로 돌아가 경주부 안에 나아가 왜적들을 공격하였으나 대패하였고, 또다시 밀

천군 지보면, 북쪽은 호명면과 접한다.

95 九潭里(구담리): 경상북도 안동시 풍천면에 있는 법정 마을. 마을 앞으로 낙동강이 흐르며 낙동강의 흐름에 의해 생긴 아홉 개의 깊은 沼가 있다. 자연마을로는 검은개, 뒤주골, 안골, 섬마 등이 있다.

96 青松(청송): 경상북도 동부에 있는 고을. 동쪽은 영덕군·포항시, 서쪽은 안동시·의성군·군위군, 남쪽은 영천시, 북쪽은 영양군과 접한다.

성(密城: 밀양)에서도 패하였다.

권응수는 영천(永川)에서 세운 전공(戰功)으로 훈련 봉사(訓鍊奉事)에서 곧바로 당상관(堂上官)으로 승진하여 우후(虞侯)에 제수되었다. 계사년(1593) 봄에 이르러 박진이 질병으로 면직되고 권응수가 그 자리를 대신하였다. 권응수는 신녕현(新寧縣) 사람이다.

時永川[97]郡留倭, 亦幾二千餘, 新寧[98]隊將權應銖[99]·永川隊將

---

97 永川(영천): 경상북도 남동부에 있는 고을. 동쪽은 포항시·경주시, 서쪽은 대구·군위군·경산시, 남쪽은 경산시·청도군, 북쪽은 군위군·청송군·포항시와 접한다.

98 新寧(신녕): 경상북도 영천시에 있는 고을. 동쪽은 노고산을 경계로 화산면, 서쪽은 팔공산의 연봉을 사이에 두고 군위군, 남쪽은 팔공산의 연봉을 사이에 두고 청통면·대구광역시, 북쪽은 화산 등을 경계로 군위군에 접한다.

99 權應銖(권응수, 1546~1608): 본관은 安東, 자는 仲平, 호는 白雲齋. 경상북도 영천 신녕 출신. 아버지는 權德臣이다. 1583년 별시무과에 급제, 修義副尉權知를 거쳐 訓鍊院副奉事로서 의주 용만을 지켰으며, 그 뒤 경상좌수사 朴泓의 막하에 있다가 1592년 임진왜란이 일어나자 고향에 돌아가 의병을 모집하여 궐기했다. 이 해 5월부터 활동을 전개해 여러 곳에서 전과를 올리고, 6월에 경상좌도병마절도사 朴晉의 휘하에 들어갔다가 7월에 각 고을의 의병장을 규합해 의병대장이 되었다. 이 무렵 영천에 있던 적군은 신녕·안동에 있던 적군과 연락하면서 약탈을 일삼고 있었기 때문에, 이를 공격할 계획을 세우고 7월 14일 적을 朴淵에서 치고, 22일에는 召溪·沙川까지 추격해 격파했다. 한편 이날 군세를 정비하고 영천성 공격을 위해 선봉장에 洪天賚, 左摠을 申海, 右摠을 崔文柄, 中摠을 鄭大任, 別將을 金潤國으로 삼았다. 25일 군사를 동원해 공격을 시작하고 26일에는 결사대원 500명을 뽑아 적진으로 돌격해 크게 격파했다. 다음 날에는 火攻으로 대승, 영천성을 수복했다. 그 뒤 신령·의흥·의성·안동의 적은 모두 한 곳에 모였고, 영천의 적은 경주로 후퇴하였다. 그 공으로 경상좌도병마절도사우후가 되었다. 그 뒤 좌병사 박진의 휘하에 들어가 8월 20일 제2차 경주탈환전의 선봉으로 참가했으나 패전했다. 12월에는 좌도조방장으로 승진했다. 1593년 2월에는 순찰사 韓孝純과 함께 7군의 군사를 합세해 문경 唐橋에서 적을 대파하고, 25일에는 山陽塔前에서 적병 100여 명의 목을 베는 등 큰 전과를

鄭大任[100]等，力請于兵使，進擊勦滅。而兵使持難[101]未決，退在安東，逗留觀望。應銖等，奮義協策，進攻滅之。自遭亂以來所未有，遂爲一道快事，獻馘于兵使朴晉，晉有慙色。其後，兵使留軍官，以守安東，自歸慶州屬縣，進擊府中之賊敗績[102]，又再敗於密城[103]。權應銖，以永川之功，自訓鍊奉事，超陞堂上，授虞侯。逮至癸巳春，朴晉病免，應銖代之。應銖，新寧縣人也。

올렸다. 이어 좌도병마절도사가 되었다. 4월에 안동의 慕恩樓 밑에서 적을 크게 격파한 다음 九潭까지 추격해 적 100여 명을 사살했고, 7월에는 밀양의 적을 격파했다. 9월에는 좌도방어사로 특진되었다. 1594년 정월에는 경상도병마좌별장이 되고, 4월에는 黃龍寺 부근에서 적을 격파했다. 7월에는 충청도방어사를 겸직하고 李思命의 군사를 대신 거느리고 은진현감 李穀과 함께 倉巖에서 가토[加藤淸正]군을 대파했다. 1595년 정월에는 경상좌도방어사를 겸했고, 4월에는 兄江에서 적을 대파했다. 1597년 9월 정유재란 때 관찰사 李用淳, 병마절도사 金應瑞와 같이 달성까지 추격했다. 11월에는 왕명으로 명나라의 副總兵 解生을 따라 함경·강원 兩路의 병을 거느렸다. 經理인 楊鎬와 麻貴를 따라 1·2차 울산 전투에 참가했다.

100 鄭大任(정대임, 1553~1594): 본관은 迎日, 자는 重卿, 호는 昌臺. 영천 출신. 1592년 임진왜란이 일어나자 의병을 모아 唐旨山에서 복병으로 적을 크게 무찌르고 이어 7월에 영천지역 의병 수백 명을 거느리고 영천성을 수복하기 위한 전투에 참가하여 경상도 의병장들과 협력하고 中摠의 직책을 맡아 왜군을 크게 격파시켜 전공을 쌓았다. 그 뒤 영천에서 신령으로 이동하는 적군을 권응수와 함께 요격, 朴淵에서 대승하고 영천수복에 공을 세웠다. 용궁·비안의 전투에서도 다수의 적을 斬獲하고 병사 朴晉과 함께 경주탈환전에 용명을 떨쳤다. 이듬해 太和江의 적군을 공격, 종일 역전하여 많은 전과를 올린 공으로 1593년 비안현감·훈련원첨정·예천군수·경상좌도병마우후를 역임하였다. 1594년 무과에 급제, 陞品되기도 전에 적군과 싸우다가 죽었다.

101 持難(지난): 일을 얼른 처리하지 못하고 미룸.

102 敗績(패적): 대패함.

103 密城(밀성): 경상남도 밀양 지역의 옛 지명.

15. 경상 좌감사 이성임 대신 한효순 부임, 우감사 김성일 유임

애초의 감사(監司: 좌감사) 이성임(李聖任)이 오지 않자, 우도(右道: 경상우도) 초유사(招諭使) 김성일(金誠一)을 대신하게 하였다. 우도의 사람들이 그대로 머물러 있도록 해달라고 장계(狀啓)를 올려 청하자, 바로 영해 부사(寧海府使) 한효순(韓孝純)을 당상관(堂上官)으로 승진시켜 좌도 감사(左道監司)를 제수하고, 김성일은 그대로 우도 감사(右道監司)를 삼았다.

김성일은 안동(安東) 사람으로 성품이 꼿꼿하고 곧아 과감히 직언하는 데다 쉽고 어려움을 가리지 않았으니, 이 때문에 여러 차례 임금의 뜻을 거슬렀다.

계미년(1583) 동인과 서인 사이의 물의(物議)가 일어났을 때 나주 목사(羅州牧使)로 나가서도 치적이 항상 1등이었지만 사직단이 불타서 파직되어 집에 있었고, 조정으로 돌아온 뒤에도 여전히 절개를 변치 않았다.

경인년(1590) 왜국(倭國)의 관백(關白) 평수길(平秀吉)이 사신을 보내어 우호를 맺자고 청하였는데, 조정에서 그 적임자를 찾기가 어려웠으나 공(公: 김성일)을 천거하니 황윤길(黃允吉)의 부사(副使)로서 갔다. 일본에 도착하니 관백이 사신들을 대접하는 것이 자못 불손하였는데, 황윤길 및 서장관(書狀官) 허성(許筬) 모두가 화를 당할까 두려워하여 움츠리고 관백의 뜻을 따르려 했지만, 공(公: 김성일)만은 똑같은 예로 행하면서 굽히지 않고 사사건건 반드시 의리를 들어 꺾어버렸다. 왜놈이 비록 사리에 어둡고 완고하며 포악하더라도 또한 공경히 예의로 대할 줄은 알아서 감히 함부로 하지 못하였다. 조정에 돌아오게 되자, 황윤길과 허성이 갖가지로 공(公: 김성일)의 흠을 들추어내어 배척하며 오랑캐의 환심을 잃어 변란이 조석에 달려 있다고 하였다. 공(公)은 왜적을 두려워할 필요가 없으며, 비록 그들이 난을 일으킬지도 반드시 이처럼 위급하지 않으리라고 여겼다.

이때 왕자 임해군(臨海君)·순화군(順和君)이 하는 일마다 법도에 맞지 않은 것이 많았는데, 공(公)이 직제학(直提學)으로서 차자(箚子)를 올려 이를 언급하고 또 말하기를, "묘당(廟堂: 의정부)에는 삼지재상(三旨宰相: 무능한 재상을 비웃는 말)만 있으며, 대각(臺閣: 사헌부와 사간원의 총칭)에는 장마언관(仗馬言官: 직간하지 못하는 언관을 비웃는 말)만 도열해 있습니다."라고 하였다. 재상과 언관들이 모두 책임을 느껴 사직하였는데, 이 때문에 임금의 뜻을 크게 거슬렀다.

임진년(1592) 봄에 좌천되어 우도 병사(右道兵使: 경상우도 병사)가 되었으나 미처 도임(到任)하기도 전에 난리가 일어났다. 대신(臺臣: 대각의 신료)들은 공(公)이 왜적의 병화가 급하지 않다고 한 지난날의 말을 허물하여 장계(狀啓)로 잡아들여서 국문할 것을 청하였으나, 금부도사(禁府都事)가 막 조령(鳥嶺)에 이르자마자 적의 기습이 급박하다는 소식을 듣고서 감히 나아가지 못하고 며칠을 머물러 있고서야 비로소 왕명을 전할 수 있었다. 적의 형세가 이미 임박하여 주상(主上)이 서쪽으로 파천(播遷)하기에 더 급하니, 공(公)의 죄를 용서하고 초유사(招諭使)로 고쳐 제수하였다.

이때 각 고을이 잇따라 무너진데다 인심도 무너져 흩어져서 기율을 회복할 수 없었는데, 공(公: 김성일)이 마음을 다해 임금의 뜻을 널리 알려 인심을 수습하고 병사와 백성들을 불러 모아 적을 죽이거나 사로잡은 것이 자못 많았으니, 우도(右道)의 사람들이 모두 다 마음으로 따랐다. 이에 이르러 장차 좌도(左道: 좌감사)로 돌려보내려 했기 때문에 우도의 선비들이 장계로 매우 간절히 청하니 곧 이러한 왕명이 있었다.

한효순(韓孝純) 또한 평소 명성과 인망이 드러나 청요직(淸要職)을 두루 거쳤으나 동인과 서인 사이에 물의(物議)가 있어서 좌천되어 영해 부사(寧海府使)로 있다가 난리를 만난 이래로 관직을 버리지 않고 지켰는데, 행조(行朝: 행재소의 조정)에서 이를 듣고 가상히 여겨서 관행을 뛰어넘어 이 관직(官職: 左監司)에 제수하였다.

전임 좌랑(前任佐郎: 이조 좌랑) 김홍미(金弘微)를 군수(郡守)로 삼았다. 김홍미 또한 재주와 명성이 높아 문한(文翰)을 드날려 전조(銓曹: 이조 좌랑)를 맡았다가, 이 관직에 제수되어서는 술에 곤드레만드레 빠졌으니 사람들이 그를 흉보는 이가 많았다.

한효순이 영해(寧海)에 있으면서도 또한 왜적을 토벌했다고 일컬을 만한 치적이 없었으나, 단지 행조(行朝: 행재소의 조정)가 영해부(寧海府)의 성곽이 완전하다는 소문을 먼저 들었기 때문에 승진시켜 이 관직(官職: 좌감사)에 제수한 것이다. 감사로 삼았을 때 행조(行朝)가 멀리 순수(巡狩: 播遷)하여서 본도(本道: 경상좌도)의 일을 감사(監司)에게 전적으로 맡겨 고을 수령의 자리가 비는 경우가 있으면 모두 감사에게 차사(差使: 임시 관원)를 내보도록 하였으니 승진시키거나 퇴출하는 권한이 모두 감사의 손에 있었다. 한효순은 남의 말을 꺼리지도 않고 중론을 돌아보지도 않았으니 사람들이 간혹 그를 나무랐다.

初監司李聖任不來, 以右道招諭使金誠一代之。右道之人, 啓請因留, 乃以寧海[104]府使韓孝純[105], 陞堂上, 授左道監司, 誠一因爲右道監司。誠一安東人, 性抗直敢言, 不避夷險, 以此屢忤上旨。癸未, 東西之議, 出爲羅州牧使, 治常第一, 以社稷火, 罷職在家, 旣還朝, 猶不改節。庚寅, 倭關白[106]平秀吉[107], 請遣使通好, 朝廷難其人, 以公薦之, 副黃允吉[108]以往。及到日本, 關白待之頗不

---

104 寧海(영해): 경상북도 盈德의 옛 지명. 북쪽은 병곡면·창수면, 남쪽은 축산면·지품면, 서쪽은 영양군에 접하고, 동쪽은 동해에 면한다.

105 韓孝純(한효순, 1543~1621): 본관은 淸州, 자는 勉叔, 호는 月灘. 1576년 식년문과 급제, 검열·수찬을 거쳐 1584년 寧海府使에 임명되었다. 1592년 임진왜란이 일어나자 8월 영해에서 왜군을 격파하고 경상좌도관찰사에 승진, 순찰사를 겸임해 동해안 지역을 방비하며 군량조달에 공을 세웠다. 1594년 병조참판, 1596년 경상도·전라도·충청도의 體察副使가 되었다. 그 해 閑山島武科에 試官으로 참여하고, 통제사 李舜臣과 함께 수군강화에 힘썼다. 그 뒤 지중추부사가 되었다가 남해 지역의 도순찰사로 해상군비강화에 계속 노력하였다. 1598년 전라도관찰사로서 병마수군절도사를 겸하였다. 이듬해 전라좌수사 이순신 막하의 戰船監造軍官으로 있으면서 거북선 건조에 공이 많았던 羅大用의 건의를 받아들여 거북선 모양의 소형 무장선인 鎗船 25척을 건조하도록 하였다. 1604년 이조판서에 이르렀다. 다음해 평안도관찰사·판중추부사 등을 거쳐, 1606년 우찬성·판돈녕부사 등을 역임하였다. 1610년 다시 이조판서를 역임한 뒤, 1616년 우의정을 거쳐 좌의정에 올랐다.

106 關白(관백): 일본에서 왕을 내세워 실질적인 정권을 잡았던 막부의 우두머리.

107 平秀吉(평수길): 豊臣秀吉(도요토미 히데요시, 1536~1598). 일본 전국시대 최후의 최고 권력자. 밑바닥에서 시작해서 오다 노부나가에게 중용되어 그의 사후 전국시대의 일본을 통일시키고 關白과 天下人의 지위에 올랐다. 전국시대를 평정한 그는 조선을 침공해 임진왜란을 일으켰으나 실패하였다.

遜, 黃允吉及書狀官許筬[109], 皆畏禍局縮[110], 欲順其志, 公獨抗禮[111]不屈, 事事必折以義理。倭奴雖冥頑獷悍, 亦知敬禮, 不敢慢。及還朝, 黃許多般訐斥[112], 以爲失虜之歡, 變在朝夕。公以爲倭不足畏, 雖其亂作, 必不如此之急。時王子臨海君[113]·順和君[114], 所爲多不法, 公爲直提學, 上箚[115]及之, 且曰: "廟堂有三旨

108 黃允吉(황윤길, 1536~?): 본관은 長水, 자는 吉哉, 호는 友松堂. 1558년 사마시에 합격하여 진사가 되고, 1561년 진사로서 식년문과에 병과로 급제하였다. 여러 벼슬을 거쳐 1583년 황주목사를 지내고, 이어 병조참판을 지냈다. 1590년 通信正使로 선임되어 부사 金誠一, 書狀官 許筬과 함께 수행원 등 200여명을 거느리고 대마도를 거쳐 오사카로 가서 일본의 關伯 豊臣秀吉 등을 만나보고 이듬해 봄에 환국하여, 국정을 자세히 보고하였다. 서인에 속한 그가 일본의 내침을 예측하고 대비책을 강구하였으나, 동인에 속한 김성일이 도요토미의 인물됨이 보잘것없고 군사준비가 있음을 보지 못하였다고 엇갈린 주장을 하여 일본 방비책에 통일을 가져오지 못하였다.

109 許筬(허성, 1548~1612): 본관은 陽川, 자는 功彦, 호는 岳麓·山前. 許篈·許筠의 형이고, 許蘭雪軒의 오빠이다. 1583년 별시문과에 급제하였다. 1590년 典籍으로서 通信使의 從事官이 되어 일본에 다녀왔다. 이어 정언·헌납·이조좌랑·응교·사인·집의를 거쳐, 1594년 이조참의로 승진되었으며, 이듬해 대사성·대사간·부제학을 역임하였다. 이어 이조참판을 지내고 전라도안찰사로 나갔다가 예조와 병조의 판서에 제수되었으며, 그 뒤 이조판서에까지 이르렀다. 1607년 宣祖의 遺教를 받게 되어 세인들이 顧命七臣이라 칭하게 되었다.

110 局縮(국축): 웅크림. 움츠림.

111 抗禮(항례): 한쪽으로 치우치지 않게 똑같은 예로 대접함.

112 訐斥(알척): 흠을 들추어내어 배척함.

113 臨海君(임해군, 1574~1609): 宣祖의 맏아들 珒. 임진왜란 때 왜군의 포로가 되었다가 석방되었다. 광해군 즉위 후 유배되었다가 죽었다.

114 順和君(순화군, ?~1607): 宣祖의 여섯째아들. 부인은 승지 黃赫의 딸이다. 임진왜란이 일어나자 왕의 명을 받아 黃廷彧·황혁 등을 인솔하고 勤王兵을 모병하기 위해서 강원도에 파견되었다. 같은 해 5월 왜군이 북상하자 이를 피하여 함경도로 들어가 미리 함경도에 파견되어 있던 臨海君을 만나 함께 會寧에서

宰相[116], 臺閣列仗馬言官[117].” 宰相·言官, 皆引嫌[118]辭避, 以此大忤上旨。壬辰春, 左遷爲右道兵使, 未及到任亂作。臺臣追咎[119]公倭禍不急之說, 啓請拿鞫, 而禁府都事, 纔到鳥嶺, 聞賊奇之急, 未敢進, 淹留數日, 始得傳命。賊勢已迫, 主上急於西遷, 釋公罪, 改授招諭使。于時, 列邑瓦解, 人心潰散, 無復紀律, 公盡心宣諭,

---

주둔하였는데, 왕자임을 내세워 행패를 부리다가 함경도민의 반감을 샀다. 마침 왜군이 함경도에 침입하자 회령에 위배되어 향리로 있던 鞠景仁과 그 친족 鞠世弼 등 일당에 의해 임해군 및 여러 호종관리들과 함께 체포되어 왜군에게 넘겨져 포로가 되었다. 이후 안변을 거쳐 이듬해 밀양으로 옮겨지고 부산 多大浦 앞바다의 배 안에 구금되어 일본으로 보내지려 할 때, 명나라의 사신 沈惟敬과 왜장 小西行長과의 사이에 화의가 성립되어 1593년 8월 풀려났다. 성격이 나빠 사람을 함부로 죽이고 재물을 약탈하는 등 불법을 저질러 兩司의 탄핵을 받았고, 1601년에는 순화군의 君號까지 박탈당하였으나 사후에 복구되었다.

115 上箚(상차): 관료가 임금에게 箚子를 올리는 일. 차자는 疎章의 일종으로 일정한 격식을 갖추지 않고 간단히 사실만을 기록하여 올리며, 상소보다는 형식은 간단하면서도 말하고자 하는 것은 다 표현하는 이점이 있다.

116 三旨宰相(삼지재상): 무능한 재상을 비웃는 말. 송나라 神宗 때 王珪가 執政과 宰相으로 재임한 16년 동안에 무슨 계책을 건의한 것은 없고 임금의 뜻만 따랐다고 하여 당시 사람들이 그를 그렇게 불렀다 한다. 대궐에 올라가 문건을 올릴 때는 “聖旨를 정하소서.” 하고, 임금이 가부를 정하면 “성지를 알았습니다.” 하였으며, 물러나 일을 품의한 자에게 유시할 때는 “이미 성지를 얻었다.”라고 하였다고 한 데서 유래하였다. 至當大臣이라고도 한다.

117 仗馬言官(장마언관): 화를 받는 것을 두려워하여 직간하지 못하는 언관을 비웃는 말. 장마는 임금의 儀仗馬이다. 唐나라 때 李林甫가 재상으로 재임한 19년 동안 권력을 독단하며 간관에게 바른말을 못하게 하였다. 처음에 補闕 杜璡이 글을 올려 정사를 말하자, 이임보가 그를 탄핵하여 下邽令으로 좌천시킨 다음 나머지 간관을 협박하기를, “그대들은 立仗한 말을 보지 못하였는가. 소리를 지르기만 하면 쫓겨나는 법이다.” 하니, 그 뒤로 간관들이 입을 다물었다 한다.

118 引嫌(인혐): 벼슬아치가 어떤 일에 대한 책임을 느낌.

119 追咎(추구): 일이 지나간 뒤에 그 잘못을 나무라는 것.

收拾人心, 招集兵民, 殺獲頗多, 右道之人, 悉皆歸心。至是, 將還左道, 故右道士子, 啓請甚懇, 乃有是命。韓孝純亦素著名望, 歷踐淸要, 以東西之議, 左授寧海府使, 遭亂以來, 不棄官守, 行朝聞而嘉之, 招授是職。以前佐郎金弘微[120]爲郡守[121]。弘微亦負才譽, 翺翔文翰, 銓曹[122]之任, 及爲是職, 沉冥于酒, 人多短之。韓孝純在寧海, 亦無討賊可稱之績, 而特以行朝先聞寧海府城完, 故陞授是職。及爲監司, 行朝遠狩, 本道之事, 專委監司, 守令有闕者, 皆令監司出差, 升黜之柄, 悉在其手。孝純不憚人言, 不恤衆論, 人或非之。

120 金弘微(김홍미, 1557~1605): 본관은 尙州, 자는 昌遠, 호는 省克堂. 아버지는 金範이다. 曺植과 柳成龍의 문인이다. 1579년 진사가 되고, 1585년 식년 문과에 급제하여 승문원 부정자에 발탁되고, 홍문관 정자·著作, 예문관 검열 등을 거쳐 부수찬을 역임하였으며, 당시 형인 金弘敏과 함께 사림으로 영예를 누렸다. 1589년 이조 좌랑으로 있을 때 남인으로 鄭汝立의 모반사건에 연루되어 파면되었다. 그 뒤 복관되어 1592년 임진왜란이 일어나자 경상좌도 도사가 되고, 이어 교리 겸 시강원 문학을 거쳐 이듬해 경연관·응교·사간·사성 등을 역임하였다. 1597년 승정원 동부승지로 있을 때, 삼도수군통제사인 李舜臣을 탄핵하여 파면하게 하고 元均을 통제사로 삼게 하는 데 가담하였다. 그 뒤 좌부승지·훈련도감제조를 거쳐, 형조참의·대사간·이조참의·승문원 부제조 등을 역임하다가 1598년 관직을 사퇴하였다. 그 이듬해 다시 靑松府使를 거쳐 1604년 江陵府使로 부임하였다.

121 郡守(군수): 《선조실록》 1592년 7월 26일 9번째 기사에 의하면, 慶尙左道都事에 임명되었음.

122 銓曹(전조): 吏曹나 兵曹처럼 인사 행정을 담당한 부서를 말함. 이조에서는 文官, 병조에서는 武官의 銓衡을 맡았다. 金弘微는 이조 좌랑을 지냈다.

16. 전 병사 박진과 병사 권응수에 대한 평

전임 병사(前任兵使) 박진(朴晉)이 비록 왜적을 토벌한 공로가 없었으나 진실로 왕사(王事: 나랏일)에 마음을 썼으며, 자기 입에 들이는 것은 매우 절약하고 군졸들을 어루만져 구휼하여 은혜와 위엄이 아울러 베풀어졌으니, 그가 떠나갈 때는 사람들이 다투어 그를 사모하였다.

권응수(權應銖)는 성품이 엄하고 적을 과감히 죽여 능히 범하기 어려운 위세를 세웠으며, 이를 통해 영천성(永川城)을 수복하는 공적을 이루었다. 그렇지만 병사(兵使)가 되어서는 공적을 믿고 제멋대로 하여 자못 위엄과 명성이 손상되었다.

前兵使朴晉, 雖無討賊之功, 誠心王事, 自奉[123]甚約, 撫恤軍卒, 恩威並施, 及其去也, 人爭慕之。權應銖性嚴果殺, 能立威稜[124], 以此得成永川之功。及爲兵使[125], 恃功自專, 威名頗損焉。

17. 곽재우, 김면, 정인홍 등이 의병 일으킴

본도(本道: 경상도)가 난리 초에 패배하여 무너져 달아난 뒤로부터 감사(監司)와 병사(兵使)까지도 모두 패배하니, 사람들이 소속될 곳이 없었다. 곽재우(郭再祐)는 의령(宜寧)에서 재산을 다 털어 용사를

---

123 自奉(자봉): 자기 몸에 들이는 것.

124 威稜(위릉): 존엄한 위력.

125 兵使(병사): 〈國朝寶鑑〉에서는 방어사, 〈寄齋史草 下〉에서는 조방장, 〈孤臺日錄〉에서는 左兵使虞候로 나오는바, 정밀히 추적할 필요가 있음.

모집하고 맨 먼저 의병을 일으켰다. 전임 좌랑(前任佐郎: 공조 좌랑) 김면(金沔)이 거창(居昌)에서 또한 의병을 일으켰고, 전임 군수(前任郡守) 정인홍(鄭仁弘) 또한 합천(陜川)에서 의병을 일으켰다. 이에 박성(朴惺)·이로(李魯)·문덕수(文德粹)의 무리가 모두 일어나 호응하였다.

本道自亂初奔潰之後, 監兵使皆退北, 人無所屬。郭再祐[126], 自宜寧[127]破財産, 募勇士, 首唱義旅。前佐郎金沔[128]自居昌[129]亦起義兵, 前郡守鄭仁弘[130]亦自陜川[131]起兵。於是, 朴惺[132]·李

---

126 郭再祐(곽재우, 1552~1617): 본관은 玄風, 자는 季綏, 호는 忘憂堂. 1585년 정시문과에 급제했지만 왕의 뜻에 거슬린 구절 때문에 罷榜되었다. 임진왜란 때 의병을 일으켜 天降紅衣將軍이라 불리며 거듭 왜적을 무찔렀다. 정유재란 때 慶尙左道防禦使로 火旺山城을 지켰다.

127 宜寧(의령): 경상남도 중앙에 있는 고을. 동쪽은 창녕군, 동남쪽은 함안군, 서쪽과 북쪽은 합천군, 서남쪽은 진주시와 접한다.

128 金沔(김면, 1541~1593): 본관은 高靈, 자는 志海, 호는 松菴. 임진왜란 때 분연궐기하여 의병을 규합하여 開寧 지역에 있는 적병 10만과 대치하여 牛旨에 진을 치고, 金時敏과 함께 知禮를 역습하여 대승했다. 1593년 경상우도 병마절도사가 되어 의병과 함께 진을 치고 善山의 적을 치려할 때 병에 걸리자 죽음을 알리지 말라는 유언을 남기고 죽었다.

129 居昌(거창): 경상남도 북서부에 있는 고을. 동쪽은 합천군, 서쪽은 함양군, 남쪽은 산청군, 북쪽은 경상북도 김천시와 전라북도 무주군과 접한다.

130 鄭仁弘(정인홍, 1535~1623): 본관은 瑞山, 자는 德遠, 호는 萊菴. 南冥 曺植의 문인으로, 崔永慶, 吳建, 金宇顒, 郭再祐 등과 함께 경상우도의 南冥學派를 대표하였는데, 1581년 掌令이 되어 鄭澈·尹斗壽를 탄핵하다가 해직되었다. 1589년 鄭汝立 獄事를 계기로 동인이 남북으로 분립될 때 北人에 가담하여 領首가 된 인물이다. 1592년 임진왜란 때 濟用監正으로 陜川에서 의병을 모아, 星州에서 왜병을 격퇴하여 영남의병장의 호를 받았다. 이듬해 의병 3,000명을 모아 성주·합천·함안 등을 방어했고, 1602년 대사헌에 승진, 중추부동지사·공

魯[133]·文德粹[134]之徒, 皆起而應之。

조참판을 역임하였으며 柳成龍을 임진왜란 때 화의를 주장하였다는 죄목으로 탄핵하여 사직하게 하고, 洪汝諄과 南以恭 등 北人과 함께 정권을 잡았다. 1608년 柳永慶이 선조가 광해군에게 양위하는 것을 반대하자 이를 탄핵하다가, 이듬해 寧邊에 유배되었다. 하지만 선조가 급서하고 광해군이 즉위하자 대사헌이 되어 大北政權을 세웠다. 자신의 스승인 남명 조식의 학문을 기반으로 경상우도 사림세력을 형성하였다. 더구나 임진왜란 당시의 의병장으로서 활약한 경력과 남명의 학통을 이어받은 수장으로써 영남사람의 강력한 영향력과 지지기반을 확보하였다. 1623년 인조반정 뒤 참형되고 가산은 적몰되었으며, 이후 대북은 정계에서 거세되어 몰락하였다.

131 陜川(합천): 경상남도 북서부에 있는 고을. 동쪽은 창녕군, 서쪽은 거창군, 남쪽은 의령군·산청군, 북쪽은 경상북도 고령군·성주군과 접한다.

132 朴惺(박성, 1549~1606): 본관은 密陽, 자는 德凝, 호는 大菴. 鄭逑의 문인. 裵紳에게 사사, 科擧에의 뜻을 버리고 학문에 정진, 崔永慶·金沔·張顯光 등과 사귀었다. 鄭仁弘과도 친했으나 그가 대사헌에 올라 권세를 부려 절교하였다. 1592년 임진왜란 때 招諭使 金誠一의 참모로, 정유재란 때는 趙穆과 상의해 의병을 일으켜서 체찰사 李元翼의 참모로 종군, 周王山城의 대장으로 활약했다. 王子師傅에 임명되었으나 부임하지 않았다. 뒤에 司圃가 되고 이어 工曹佐郎·安陰縣監을 지낸 후 모든 벼슬을 사퇴했다.

133 李魯(이로, 1544~1598): 본관은 固城, 자는 汝唯, 호는 松巖. 1564년 진사시에 합격하고, 1590년 문과에 급제했다. 임진왜란 때 귀향하여 의병을 일으켰다. 金誠一과 함께 곳곳에 召募官을 보내 창의하도록 하고 군량을 모았다. 《龍蛇日記》가 있다.

134 文德粹(문덕수, 1519~1595): 본관은 南平, 자는 景胤, 호는 孤查亭. 효행이 뛰어나 살아서 정려를 받은 합천의 선비이다. 1591년 선정을 베풀지 않던 경상감사 金睟에게 글을 보내 백성을 생각하는 선정을 베풀라고 충고하자, 그에게 미움을 사서 옥에 갇히기도 했다. 임진왜란이 일어나자 김수는 왜적에게 패하여 도망을 가는데, 김면·조종도·박성·이로 등과 의병을 일으켜 나라를 위기에서 구하려고 했다.

18. 초유사 김성일의 격려, 내성 의병 봉기

이때 김성일(金誠一)이 초유사(招諭使)로 온 이후로 이미 의병을 일으킨 자들을 칭찬하고 장려하여 미처 일으키지 않은 자들을 분발케 하면서 여러 고을에 격문(檄文)을 전달하며 충의(忠義)로 깨우치고 화복(禍福: 복선화음)으로 거듭 설명하였다. 이에, 낙동강(洛東江) 오른쪽 고을은 메아리가 울리듯이 호응하지 않은 곳이 없었으나, 낙동강 왼쪽 고을은 솔선하여 부르짖는 사람이 없었다. 낙동강 일대는 또 적들이 지나가는 길이 되어서 우도(右道)의 전황(戰況)을 미처 서로 듣지 못하였는데, 7월 이후가 되어서야 비로소 곽재우와 제공(諸公)들이 있었다는 것을 알았다. 그리하여 낙동강 왼쪽 고을의 선비들이 일어나 호응하려고 하였으며, 안집사(安集使: 김륵)도 따라가 권면하였다. 예안(禮安)에 사는 교서관 권지(校書館權知) 류종개(柳宗介)와 안동(安東)에 사는 생원(生員) 임흘(任屹)이 비로소 춘양(春陽)에서 일어나 수백 명을 불러 모으니, 이른바 내성(乃城)의 의병이었다. 병장기를 미처 완비하지 못하고 졸지에 왜적을 만났으니, 강원도(江原道)에서 뜻하지 않은 때를 틈타 와서 급습하여 류종개는 죽었고 임흘은 간신히 목숨만 건져 다시 나머지 병사들을 수습하였다. 그러나 임흘은 성질이 급해서, 사졸들이 좋아하지 않았다. 강원도에서 온 적들이 곶적(串赤)과 눌천(訥川) 경계를 침범했는데, 곶적은 곧 풍기(豐基)의 땅이고 눌천은 곧 영천(榮川: 榮州)의 경계이다.

이때 안집사(安集使: 김륵)가 승병(僧兵)을 불러 모으니 수백 명이고, 관군(官軍) 또한 천여 명이었다. 안집사가 즉시 그 승병들에게 공격하도록 명령하고 또 이웃 고을의 사람들을 징발하여 요해처를 나누어 지키도록 하니, 적들은 대비가 되어 있음을 꺼려 이내 도로 물러갔다.

時金誠一自招諭使來, 褒奬其已起者, 激發其未起者, 傳檄列邑, 諭之以忠義, 申之以禍福。於是, 江右列邑, 無不響應, 江左無有倡之者。洛東一路, 又爲賊路, 右道聲息, 未得相聞, 七月以後, 始知有郭再祐諸公。於是, 江左士子, 欲起而應之, 安集使從而勸之。禮安居校書權知柳宗介[135]·安東居生員任屹[136], 始自春陽[137]起, 召募得數百, 所謂乃城[138]義兵也。器械未完, 猝遇倭賊, 自江原道, 乘其不意, 來襲之, 柳宗介死焉, 任屹僅以身免, 復收餘兵。然任性急, 士卒莫愛也。自江原來賊, 犯串赤[139]·訥川之

---

135 柳宗介(류종개, 1558~1592): 본관은 豊山, 자는 季裕. 1579년 진사가 되었고 1585년 식년문과에 급제하였다. 교서관 정자가 된 뒤 典籍 등을 역임하였으며, 1592년 임진왜란이 일어나자 의병 수백 명을 모집하고, 스스로 의병장이 되어 태백산을 근거지로 왜적을 무찌르다가 경북 奉化에서 적장 모리 요시나리[森吉成]의 군대를 만나 전투하다 전사하였다.

136 任屹(임흘, 1557~1620): 본관은 豊川, 자는 卓爾, 호는 龍潭·羅浮山人. 1582년 생원이 되고 1592년 임진왜란이 일어나자 柳宗介와 함께 의병을 모집하여 문경전투에서 많은 적을 사살하였다. 그 공으로 典獄署參奉이 되었으나 동인과 서인의 격심한 당쟁에 실망하여 그들을 규탄하는 소를 올리고 사직하였다. 광해군 때 동몽교관으로 기용되었으나, 李爾瞻 등의 대북 일당이 나라를 망치리라 하여 사직하고 학문에 전념하였다.

137 春陽(춘양): 경상북도 봉화군 중북부에 있는 고을. 萬石峯 아래 들판이 넓으면서도 양지바르고 항상 봄볕처럼 따뜻하다는 데서 유래하였다.

138 乃城(내성): 경상북도 봉화군 서부의 옛 이름.

139 串赤(곶적): 경상북도 영주시 단산면 마락리와 좌석리를 연결하는 고개인 古峙嶺. 《신증동국여지승람》 영천군 산천조에 의하면 串赤嶺으로 기록되어 있는바, 串에는 '땅이름 곶'이라는 의미가 있고 赤은 '치'와 소리가 비슷해 옮겼던 것으로

境, 串赤卽豐基之地, 訥川卽榮川之境也。時安集使, 召募僧兵, 得數百, 官軍又千餘。安集使卽令其兵擊之, 又徵傍邑, 分守要害, 賊憚其有備, 乃還退去。

19. 영주에서 김개국, 안동에서 김해, 예천에서 이개립, 풍기에서 박전 등이 향병 일으켜 의병대장으로 추대됨

가을 9월에 이르러 향병(鄕兵)을 일으키기로 결의되었으니, 영천(榮川: 영주)은 성균관 권지(成均館權知) 김개국(金蓋國)을 대장으로 삼고 충의위(忠義衛) 박록(朴漉)을 부장(副將)으로 삼았다. 박록이 사직하고 물러나자, 생원(生員) 이흥문(李興門)으로 대신하였다. 안동(安東)은 예안(禮安)·의성(義城)·의흥(義興)·군위(軍威)와 합해 하나의 진(陣)을 만들어 전임 검열(前任檢閱) 김해(金垓)를 대장으로 추대하고, 진사(進士) 배용길(裵龍吉)·생원(生員) 이정백(李廷栢)을 부장으로 삼았다. 예천(醴泉)은 참봉(參奉) 이개립(李介立)을 대장으로 삼았으며, 풍기(豐基)는 충의위(忠義衛) 박전(朴淟)을 대장으로 삼았다.

至秋九月, 鄕兵之議乃決, 榮川則以成均權知金蓋國[140]爲大將, 以忠義衛朴漉[141]副之。漉謝免, 以生員李興門[142]代之。安東則合

'곶치령'이 '고치령'으로 바뀐 것이라 한다.

140 金蓋國(김개국, 1548~1603): 본관은 延安, 자는 公濟, 호는 晩翠堂. 영주 출신. 1573년 사마시를 거쳐, 1591년 식년문과에 급제하였다. 1592년 임진왜란 때 의병장이 되어 왜적을 막는 데 활약한 공으로 삼조의 낭관을 거쳐 강원 도사, 충청 도사, 옥천 군수를 역임했다.

禮安·義城·義興·軍威[143]爲一陣, 推前檢閱金垓[144]爲大將, 進士裴龍吉[145]·生員李廷栢[146]副之。醴泉則以參奉李介立[147]爲大將,

---

141 朴漉(박록, 1542~1632): 본관은 潘南, 자는 子澄, 호는 醉睡翁. 1592년 임진왜란이 일어나자 고향 영주 사람들의 추대를 받아 의병장이 되어 치밀한 정찰과 뛰어난 용병술로 고향에 왜군이 침입을 못하게 하였다. 이러한 공에 의하여 1594년 泰陵參奉과 1598년 沙斤道察訪에 임명되었으나 병을 핑계 삼아 부임하지 않았다. 1603년 의금부도사·禮賓寺別提를 거쳐 관직에서 물러났다.

142 李興門(이흥문, 1555~?): 본관은 羽溪, 자는 善應, 호는 水北. 영주 출신. 아버지는 李栱이다. 1588년 식년시에 급제하여 생원이 되었다. 1592년 영주에서 의병활동에 참여하여 金蓋國의 부장이 되어 영주, 풍기로 올라오는 왜적과 싸웠다.

143 軍威(군위): 경상북도 중앙부에 있는 고을. 동쪽은 영천시, 서쪽은 구미시, 남쪽은 대구광역시·칠곡군, 북쪽은 의성군과 접한다.

144 金垓(김해, 1555~1593: 본관은 光山, 자는 達遠, 호는 近始齋. 1589년 10월 鄭汝立의 모반사건이 일어나고, 11월 史局에서 史草를 태운 사건에 연루되어 면직되었다. 임진왜란이 일어나자 향리 禮安에서 의병을 일으켜 영남의병대장으로 추대되어 안동·군위 등지에서 분전하였다. 이듬해 3월 좌도병마사 權應銖와 합세하여 상주 唐橋의 적을 쳐서 큰 전과를 거두고, 4월 한양에서 부산으로 철수하는 적을 차단하고 공격하여 대승하였으며 5월에는 양산을 거쳐 경주에서 李光輝와 합세하여 싸우다가 진중에서 병사하였다.

145 裴龍吉(배용길, 1556~1609): 본관은 興海, 자는 明瑞, 호는 琴易堂. 1592년 임진왜란 때 의병활동에 참여하여 金垓의 副將이 되었다. 1602년 문관에 급제하였고, 다음해에 예문관 검열이 외었다.

146 李廷栢(이정백, 1553~1600) : 본관은 眞城, 자는 汝直, 호는 樂琴軒. 參奉 李希顔의 아들로 李希雍에게 입양되었다. 鶴峯 김성일과는 내외종이었다. 퇴계 이황의 문하에서 수학하였으며 남치리, 권호문 등 여러 문인들과 교류하며 학문의 폭을 넓혔다. 1588년 식년시에서 급제하여 참봉에 제수되었으나 나아가지 않았다. 1592년 임진왜란이 일어나자 의병을 일으켜 裵龍吉 등과 함께 醴泉 龍宮으로 진격하여 왜적을 물리쳤다. 이듬해 다시 密陽과 凝川지방에서 활약하였으나 병을 얻어 돌아왔다.

147 李介立(이개립, 1546~1625): 본관은 慶州, 자는 大中(혹은 大仲), 호는 省吾堂·櫟峰. 1567년 사마시에 합격하여 진사가 된 뒤 1586년 효행으로 천거되어 참봉

豐基則以忠義衛朴漢爲大將。

20. 상주에서 김각, 함창에서 이봉 등이 의병 일으킴

이때 상주(尙州)에 사는 진사(進士) 김각(金覺) 또한 난리 초기에 의병을 일으켜 왜적을 다수 참획한 공(功)으로 주부(主簿)에 승진하였고, 청주(淸州)에 사는 충의위(忠義衛) 이봉(李逢) 또한 난리 초부터 함창(咸昌)으로 와서 의병을 일으켜 왜적을 죽이거나 사로잡은 것이 매우 많았는데, 전임 검열(前任檢閱) 정경세(鄭經世)가 그들의 주모자이었다.

時尙州居進士金覺[148], 亦起義兵於亂初, 斬馘頗多, 以功陞主

에 임명되었으나 어버이를 봉양하기 위하여 사퇴하였다. 1591년 張顯光과 함께 遺逸(학문과 덕행이 높아서 과거를 치르지 않고도 중요한 관직에 나아갈 수 있는 선비)로 천거되어 참봉이 되었다. 이듬해 임진왜란이 일어나자 의병을 일으켜 활약하였는데 부족한 식량과 군량의 조달에 공이 컸다. 이러한 공에 의하여 1594년 自如察訪에 임명되고 다음해 狼川縣監에 임명되었으나 부임하지 않았다. 1596년 山陰縣監에 임명되고, 다음해 정유재란 때 體察使從事官 黃汝一의 천거로 鄕兵大將이 되었다. 그러나 병마절도사 金景瑞가 의병을 자기 휘하에 속하게 하지 않은 데에 사감을 품자, 고향에 돌아가 오로지 후진 양성에 전념하였다.

148 金覺(김각, 1536~1610): 본관은 永同, 자는 景惺, 호는 石川. 상주 출신이다. 1592년 임진왜란이 일어나자 그해 여름에 상주에서 의병을 일으켜 적을 다수 참획하는 전과를 올렸다. 감사 金睟가 전공을 行在所에 보고하여 司醞署主簿를 제수받았으나 사양하였고, 그해 가을에는 순찰사가 咸昌縣의 수령이 궐석이라는 이유로 그에게 함창현의 공무를 보도록 하였으나 또 다시 나아가지 않았다. 1593년 모친상을 당하였는데 노년에 전란까지 겹쳤음에도 예식을 집행함에 틀림이 없었다. 상복을 벗자 1596년에 조정에서는 龍宮縣監을 제수하여 왜적에

簿, 淸州[149]居忠義衛李逢[150], 亦自亂初, 來咸昌[151]起兵, 殺獲甚衆, 前檢閱鄭經世[152]爲其謀主。

21. 산양에서 고상안, 권지, 민척 등이 의병 일으킴

전 현감(前縣監) 고상안(高尙顔)·권지(權知) 민척(閔滌) 등이 또한

맞서게 하였다. 그 뒤 1604년 穩城判官을 역임하였다.

149 淸州(청주): 충청북도 중서부에 있는 고을. 동쪽은 괴산군·보은군, 서쪽은 세종특별자치시·충남 천안시, 남쪽은 대전광역시, 북쪽은 진천군·증평군과 접한다.

150 李逢(이봉, 1526~?): 본관은 全州, 자는 子雲. 1592년 임진왜란이 일어나자 趙憲·鄭經世와 의병을 모집, 險峻한 요지에 진을 치고 적군의 후방을 교란하여 많은 적을 죽였다. 서울이 수복되자 해산하고 고향에 내려갔다가 왕의 부름으로 상경, 1595년 監察로 발탁되었다. 이듬해에 沃川郡守로 나가 백성들이 기근으로 굶주리자 부호들의 저장 양곡을 풀어 구제했다. 후에 槐山郡守가 되어 義倉을 두어 많은 빈민을 구제했고, 1597년 정유재란이 일어나자 관군·의병을 각 요해지에 배치, 적군의 진격을 저지했다. 그 공으로 堂上官에 올랐으나 사퇴하고 고향에 돌아갔다. 그의 庶女가 李玉峰이다. 이옥봉은 趙瑗(1544~1595)의 소실이었지만 버림을 받은 뒤 지어진 시들이 여인의 애절하고 처절함이 절절하다.

151 咸昌(함창): 경상북도 상주시 북동부에 있는 고을. 북동쪽은 문경시, 남쪽은 沙伐國面, 서쪽은 이안면·공검면과 접한다.

152 鄭經世(정경세, 1563~1633): 본관은 晉州, 자는 景任, 호는 愚伏. 1596년 이조좌랑에 시강원 문학을 겸했으며, 잠시 영남 어사의 특명을 받아 禦倭鎭營의 각처를 순시하고 돌아와 홍문관 교리에 경연 시독관·춘추관 기주관을 겸하였고, 이어서 이조정랑·시강원 문학을 겸하였다. 이조정랑에 있을 때는 인사 행정이 공정하여 賢邪를 엄선해서 임용·퇴출했으며, 특정인에게 경중을 둔 일이 없었다. 1598년 2월 승정원 우승지, 3월에 승정원 좌승지로 승진되었고, 4월에는 경상감사로 나갔다. 이때 영남 일대가 임진왜란의 여독으로 民力이 고갈되고 인심이 각박해진 것을 잘 다스려, 도민을 너그럽게 무마하면서 양곡을 적기에 잘 공급해 주고, 백성들의 풍습 교화에 힘써 도내가 점차로 안정을 찾게 되었다.

산양(山陽)에서 의병을 일으켰다. 산양은 곧 상주(尙州)의 속현(屬縣)으로 문경(聞慶)과 함창(咸昌)을 오가는 목구멍 같은 요충지였는데, 왜적들이 이 길을 거쳐야 했기 때문에 적의 머리를 벤 것이 또한 수십여 명이라고 하였다. 이때 왜적의 진(陣) 하나가 임진년(1592) 겨울부터 당교(唐橋)에 와서 주둔했는데, 당교는 곧 함창의 땅이었다. 그 땅은 산을 등지고 물에 임하고 있어 형세가 매우 견고했으니, 관군과 의병이 곳곳마다 진(陣)을 치고 있었으나 감히 손을 대지 못하였다. 왜적의 무리가 날마다 거침없이 불태우고 약탈하였는데, 의병들이 비록 베고 사로잡았을지라도 간혹 왜적의 빈틈을 타거나 뒤를 쫓아 공격하거나 도중에서 맞받아쳐 대열에서 뒤처진 초급자(樵汲者: 취사병)를 겨우 얻은 것에 불과하니, 한두 명의 왜적 머리를 벤 것은 창칼을 잡고 교전한 전투의 공이 있어서가 아니었다. 그래서 비록 목을 벤 것이 저와 같았을지라도 적의 기세는 조금도 꺾이지 않았다.

前縣監高尙顔[153]·權知閔滌[154]等，亦起兵於山陽[155]。山陽，乃

153 高尙顔(고상안, 1553~1623): 본관은 開城, 자는 思勿, 호는 泰村. 1576년 문과에 올라 함창 현감·풍기군수 등을 지냈다. 1592년 임진왜란이 일어나 왜적이 침입하자, 향리인 상주 함창에서 의병대장으로 추대되어 큰 공을 세웠다. 1601년 이후 지례현감·함양군수를 지냈고, 李德馨·李舜臣 등과의 書事記錄도 남긴 바 있다. 그 뒤 울산판관을 지낸 후, 벼슬을 그만두고 전원생활을 하였다.

154 閔滌(민척, 1543~1613): 본관은 驪興, 자는 士潔. 나중에 閔淑으로 개명하였다. 1567년 식년시에 합격한 뒤 다시 1590년 증광시에 급제하였다. 관직은 工曹正郎을 지냈다.

155 山陽(산양): 경상북도 문경시 산양면 일대.

尙州屬縣, 爲聞慶[156]·咸昌往來之喉, 而倭賊之所由路也, 斬級亦數十餘云。時倭賊一陣, 自壬辰冬, 來屯唐橋[157], 唐橋乃咸昌之地。其地背山臨水, 形勢甚固, 官軍義兵, 在在成陣, 而莫敢下手。賊徒日肆焚㤗, 諸義兵雖有斬獲, 不過或乘其虛, 或尾擊或要擊, 僅得零散樵汲者, 斬得一二級, 非有交鋒戰鬪之功。是以雖斬馘如許[158], 賊勢不挫。

22. 곽재우의 의병 활동에 대한 평

당시에 의병들이 비록 많았으나, 오직 곽재우(郭再祐)만 가장 먼저 의병을 일으켰고 그 의병들 또한 정예(精銳)로 잘 운용하였다. 김성일(金誠一)이 장계(狀啓)에 이르기를, "싸우지 않은 날이 없고, 싸우면 이기지 않은 적이 없습니다."라고 하였으니, 그 대강을 알 수 있다. 곽재우는 곧 곽월(郭越)의 아들인데, 곽월은 명망있는 문신(文臣)으로 그가 역임한 곳에서 명성이 있었는데, 번잡하고 힘든 일을 잘 처리하고 다스리는 데 능숙하였으니 대개 그의 집안이 대대로 유래가 있었다. 곽재우는 그 공로로 관행을 뛰어넘어 통정대부(通政

---

156 聞慶(문경): 경상북도 서북부에 있는 고을. 동쪽은 예천군, 서쪽은 소백산맥을 경계로 충청북도 괴산군, 남쪽은 상주시, 북쪽은 소백산맥을 경계로 충청북도 제천시·충주시와 접한다.

157 唐橋(당교): 경상북도 聞慶郡의 茅田洞과 尙州牧 咸昌縣 允直里 사이의 茅田川에 있던 다리. 신라 때 金庾信이 唐나라 蘇定方의 군사들을 죽여 이곳에 묻었다는 고사에서 유래된 이름이라 한다.

158 如許(여허): 저와 같음.

大夫)에 제수되었는데, 포의(布衣)의 선비로서 일어난 지 1년 사이에 정옥(頂玉: 당상관)의 반열에 이르렀다.

當時義兵雖多, 惟郭再祐, 最爲首事, 其兵亦精銳善用。金誠一狀啓云: "無日不戰, 戰無不勝." 可知其大槩矣。再祐乃越[159]之子, 越有名文臣, 其所莅歷[160]有聲, 制繁理劇, 游刃恢恢[161], 盖其家世有自來矣。再祐, 以功超授通政, 起自白衣[162], 一年間至頂玉[163]。

---

159 越(월): 郭越(1518~1586). 본관은 玄風, 자는 時靜, 호는 定齋. 1546년 사마시에 합격하였고, 1556년 별시문과에 급제하여, 그뒤 승문원정자·영천군수를 지내고 고향으로 돌아갔다. 1570년 다시 관직에 복귀하여 1573년 지평, 장령, 사간에 제수되었고, 1576년 의주목사, 그뒤 호조참의를 거쳐 1578년 冬至使로 명나라에 다녀왔다. 그 이듬해 황해도관찰사에 제수되었으나 사직하고 부임하지 않았다. 1581년 제주목사에 제수되었으나 나이가 많다는 이유로 青松府使로 다시 제수되었다. 1585년 남원부사로 제수된 뒤 얼마되지 않아 파직되었다.

160 莅歷(이력): 여러 벼슬자리를 두루 거침.

161 游刃恢恢(유인회회): 맡은 바의 일을 능숙하게 처리하였다는 뜻. 《莊子》〈養生主〉에서 庖丁이 文惠君을 위하여 소를 잡는데, 문혜군에게 말하기를 "신의 칼이 19년을 지나는 동안에 수천 마리의 소를 잡아 해체하였지만 칼날이 막 숫돌에 갈아 놓은 것 같습니다. 그 뼈마디는 틈이 있고 이 칼날은 무디지 않으니 무디지 않은 칼로 틈이 있는 데를 찾아 들어가면 그 칼날을 놀리는 데 있어 반드시 여지가 생깁니다."라고 한 데서 유래하였다.

162 白衣(백의): 布衣. 벼슬이 없는 선비.

163 頂玉(정옥): 머리에 장식하는 玉貫子를 뜻함. 이것을 주로 堂上官들만이 장식하였던 까닭에 전하여 당상관을 일컫거나, 고위 관리를 가리키기도 한다.

23. 김면의 의병 활동상

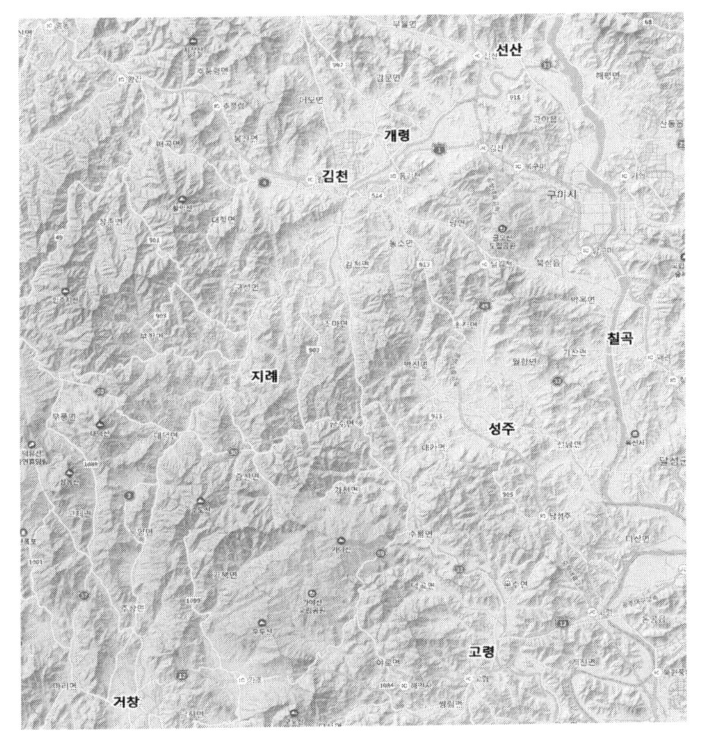

개령·김천·지례·거창

김면(金沔) 또한 지례(知禮)와 거창(居昌)의 적들을 공격한 공로로 당상관(堂上官)에 승진하였다. 행조(行朝: 행재소 조정)에서는 의병들을 소속시켜 통제할 곳이 없자, 의병대장의 칭호를 제수하여 한 도(道)의 의병들을 지휘하도록 하였다. 그 뒤로 우도 병사(右道兵使)의 자리가 궐위되자, 김면으로 대신하게 하고서 의병의 일을 겸하여 다스리게 하였다. 공(公: 김면)이 그 명을 받은 이후로 더욱 충성을 다하여 지례현(知禮縣)의 경계에 진(陣)을 쳤다가 개령(開寧)에 머물러 있는 왜적 수만 명을 물리치려고 김산(金山: 김천)으로 진을 옮기고서 병으로 죽으니, 이때가 계사년(1593) 봄 3월이었다. 듣는 사람이 슬퍼하고 애석하게 여기지 않은 이가 없었다.

金沔亦擊知禮[164]·居昌之賊, 以功陞堂上。行朝以義兵, 無所統屬, 授義兵大將之號, 令節制一道義兵。其後, 右道兵使有闕, 以沔代之, 仍兼領義兵事。公受命以來, 益竭忠誠, 結陣知禮縣境, 擊去開寧[165]留賊數萬衆, 移陣金山[166], 病卒。時癸巳春三月也。聞者莫不嗟惜。

24. 내성 의병 이화 통솔

내성(乃城: 봉화군의 서부 지역) 의병은 류종개(柳宗介)가 죽은 이후부터 임흘(任屹)이 거느렸는데, 임흘이 부친상을 당하자 이화(李嶚)가 대신 그 군사들을 거느리게 되었다. 전임 검열(前任檢閱) 김용(金涌) 또한 의병 100여 명을 모집하여 와서 이화와 합쳤는데, 김용의 동생 김철(金澈)은 임흘 등이 처음 의병을 일으킬 때부터 그 모의에

---

164 知禮(지례): 경상북도 북서부의 金泉市에 있는 고을. 동쪽은 조마면·성주군 금수면, 서쪽은 부항면·대덕면, 남쪽은 증산면, 북쪽은 구성면과 접한다.

165 開寧(개령): 경상북도 金泉市 북동부에 있는 고을.

166 金山(김산): 金泉. 경상북도 남서부에 있는 고을. 동쪽은 칠곡군·성주군, 서쪽은 충청북도 영동군·전라북도 무주군, 남쪽은 경상남도 거창군, 북쪽은 상주시·구미시와 접한다.

참가한지라 또한 승병 50여 명을 모집하여 귀속시켰다. 이때 김용은 안동 수성장(安東守城將)이었다. 부사(府使: 안동부사)로 우복룡(禹伏龍)이 오게 되자, 김용이 마침 회합하러 와서 함창(咸昌) 지경에 서로 복병(伏兵)을 설치하니, 때로 왜적의 수급(首級)을 참획한 것이 있었다.

乃城義兵, 自柳宗介死後, 任屹領之, 任屹丁父憂, 李嶫代領其衆。前撿閱金涌[167], 亦收兵百餘, 來與嶫合, 涌弟澈[168], 當屹等初起兵, 時參其謀, 亦收僧兵五十餘附之。時涌爲安東守城將。及府使禹伏龍至, 涌遂來會, 相與設伏于咸昌地境, 時有斬馘焉。

25. 안동부사 우복룡 부임, 안집사 모집 의병 김개국에게 귀속

영천(榮川: 영주) 의병은 애초에 향병(鄕兵)이라고 이름하였는데, 그 후에 안집사(安集使: 김륵)가 안동 부사(安東府使)로 바뀌어 제수

---

167 金涌(김용, 1557~1620): 본관은 義城, 자는 道源, 호는 雲川. 아버지는 찰방 金守一이며, 金誠一의 조카이다. 1592년 임진왜란이 일어나자 향리인 안동에서 의병을 일으켜 安東守城將에 추대되었고, 이듬해 예문관의 검열·奉教, 성균관의 典籍 등을 지냈다. 이어 正言·獻納·副修撰·持平 등을 거쳐 이조정랑에 올랐다. 1597년 정유재란이 일어나자 諸道都體察使 李元)의 종사관으로 수행해 많은 활약을 했으며, 교리에 재임 중 督運御史로 나가 군량미 조달에 많은 공을 세웠다.

168 金澈(김철, 1569~1616): 본관은 義城, 자는 心源, 호는 大朴. 金守一의 둘째아들로 백부 金克一의 양자가 되었다. 金涌의 동생으로, 鶴峯 金誠一의 조카이다. 1603년 진사가 되었다.

되었으나 미처 부임하지도 않아서 우복룡(禹伏龍)에게 다시 제수되었다. 우복룡이 용궁 현감(龍宮縣監)에서 관행을 뛰어넘어 당상관(堂上官)에 올라 안동 부사가 된 것이다. 안집사는 체직(遞職)을 당하자마자 집에서 지내며 남은 군사 수백 명을 모집하여 거느리고 있었다. 그 후에 다시 안집사에 제수되어 돌아가자 모집한 군사들을 김개국(金蓋國)에게 귀속시키고서 총망라하여 의병(義兵)이라고 이름하였다. 그러나 군사들 모두는 온 고을의 선비들이 모집한 자들로서 또한 다 품팔이하는 농부의 무리이니 본디 활쏘기와 말타기에 능한 자들이 아니었다. 오직 이들로 명성과 위세를 떨치고 군대의 위용을 드러내며 날마다 깃발과 북을 앞세워 고을 경계를 하는 일 없이 돌아다녔는데, 가까운 고을의 의병들도 대부분 이와 같았다.

榮川義兵, 初以鄕兵爲名, 其後安集使, 改授安東府使, 未及赴任, 移授禹伏龍。伏龍自龍宮縣監, 超授堂上, 轉爲安東府使。安集使, 旣遆任, 乃家居, 募餘兵得數百以領之。其後, 還除安集之任, 乃以所募兵, 附于金盖國, 揚名之曰義兵。然而兵皆一鄕士所募, 亦皆傭食秉耒之徒, 非有素於弓馬者。惟以張聲勢耀軍容, 日張旗鼓, 翺翔[169]境上, 近邑義兵多類此。

26. 1593년 여름 당시 경상 좌도와 우도의 의병 활동상

계사년(1593) 여름에 이르러 적의 형세가 여전히 강성하여 난리를

169 翺翔(고상): 하는 일 없이 놀며 돌아다님을 비유적으로 이르는 말.

평정할 기약이 없자, 장수들이 그제야 비로소 선비들 가운데 용기가 없어 감히 적을 향해 달려가지 못하는 자나 군졸 가운데 늙고 병들어 파리한 자를 방면해 군량을 거두어서 군사들을 먹이는 일을 돕도록 하고 정예로운 자들을 뽑아 번(番)을 나누고서 매복을 세우니, 때로 왜적의 수급(首級)을 참획한 것이 있었다.

대개 우도(右道: 경상우도)의 의병은 난리 초에 패하여 달아날 즈음에 일어나서 군관(軍官)과 한량(閑良)을 따지지 않고 오직 무예에 재주가 있는 자만 취하였다. 때문에 군사들이 모두 정예로워 가는 곳마다 효험이 있었거니와, 게다가 김성일(金誠一)이 능히 격려하고 권장하여 아름다운 결과를 이룰 수 있었다. 좌도(左道: 경상좌도)의 의병은 관군이 수습한 끝에 일어나 무예에 재주가 있는지 없는지를 따지지도 않고 오직 용기가 없는 사류(士類)만을 몰고 다녔거니와, 게다가 병장기를 잡은 장사(將士: 장수와 병졸)들이 왜적을 침범하여 빼앗는 것을 가로막고 억누르며 그 성공을 꺼렸으니, 그 실상에서 같지 않은 점이 있는 까닭이다.

至癸巳夏, 賊勢尙熾, 平亂無期, 將帥乃始放士子之無勇不敢赴敵者, 軍卒之老病尫羸者, 收其軍糧, 以助饋餉, 揀其精銳, 分番設伏, 時有所馘。大槩右道義兵, 起於亂初奔潰之際, 不論軍官與閑良, 惟有武才者取焉。故兵皆精銳, 所向有效, 加以金誠一爲能激勵奬勸而成其美。左道義兵, 起於官軍收合之餘, 不論武才有無, 惟驅無勇之士類, 加以執兵將士沮抑侵奪而忌其成, 所以其實有不同也。

27. 수사 이순신과 진주목사 김시민, 왜적의 전라도 침입 좌절시킴

전라도는 왜적이 애초에 침범하지 않았다. 그 후에 왜적이 바닷길을 통해 전라도 지경을 향하자, 수사(水使) 이순신(李舜臣)이 거북선으로 적을 맞아 싸웠는데 화포를 쏘며 400여 척의 적선을 충돌하여 깨뜨렸다. 그런 다음으로 왜적은 싸울 때마다 모두 패하여, 이로 말미암아 병졸을 거두고 감히 다시는 침범하지 못하였으니 다 이순신의 공이었다.

또 육로로 전라도를 향해 가려고 우도(右道: 경상우도)의 여러 고을을 치달려 진주(晉州)에 이르자, 목사(牧使) 김시민(金時敏)이 외딴 성(城)으로 능히 홀로 수천만의 왜적을 대항하였는데 미리 화약을 설치해 공격하고 수비하는 대비를 갖추었는지라 굳게 지키면서 조금도 동요하지 않으며 여러 차례 왜적의 예봉을 꺾었다. 왜적이 성을 포위한 지 10여 일이 되자, 죽거나 다친 자가 매우 많으니 마침내 포위를 풀고 물러갔다. 김시민이 그 공으로 병사(兵使)에 승진하였으나 미처 명령을 받들기도 전에 병사하였으니, 애석하였다.

全羅道, 賊初不犯。其後, 賊由水路而向全羅境, 水使李舜臣[170],

---

170 李舜臣(이순신, 1545~1598): 본관은 德水, 자는 汝諧. 1576년 식년무과에 급제했다. 1589년 柳成龍의 천거로 高沙里僉使로 승진되었고, 절충장군으로 滿浦僉使 등을 거쳐 1591년 전라좌도 水軍節度使가 되어 여수로 부임했다. 이순신은 왜침을 예상하고 미리부터 군비 확충에 힘썼다. 특히, 전라좌수영 본영 선소로 추정되는 곳에서 거북선을 건조하여 여수 종포에서 點考와 포사격 시험까지 마치고 돌산과 沼浦 사이 수중에 鐵鎖를 설치하는 등 전쟁을 대비하고 있었다. 임진왜란이 일어나자 가장 먼저 전라좌수영 본영 및 관하 5관(순천·낙안·보성

以龜甲船延戰, 放火炮, 撞破四百餘艘。其後, 賊連戰皆敗, 由是斂兵, 不敢再犯, 皆李舜臣之功也。又自陸路, 欲向全羅, 長驅右道列邑, 及至晉州[171], 牧使金時敏[172], 能以孤城, 獨抗數千萬賊,

---

·광양·홍양) 5포(방답·사도·여도·본포·녹도)의 수령 장졸 및 전선을 여수 전라좌수영에 집결시켜 전라좌수영 함대를 편성하였다. 이 대선단을 이끌고 玉浦에서 적선 30여 척을 격하하고 이어 泗川에서 적선 13척을 분쇄한 것을 비롯하여 唐浦에서 20척, 唐項浦에서 100여 척을 각각 격파했다. 7월 閑山島에서 적선 70척을 무찔러 閑山島大捷이라는 큰 무공을 세웠고, 9월 적군의 근거지 부산에 쳐들어가 100여 척을 부수었다. 이 공으로 이순신은 정헌대부에 올랐다. 1593년 다시 부산과 熊川의 일본 수군을 소탕하고 한산도로 진을 옮겨 本營으로 삼고 남해안 일대의 해상권을 장악, 최초로 삼도수군통제사가 되었다. 1596년 원균 일파의 상소로 인하여 서울로 압송되어 囹圄의 생활을 하던 중, 우의정 鄭琢의 도움을 받아 목숨을 건진 뒤 도원수 權慄의 막하로 들어가 백의종군하였다. 1597년 정유재란 때 원균이 참패하자 다시 삼도수군통제사에 임명되었다. 12척의 함선과 빈약한 병력을 거느리고 鳴梁에서 133척의 적군과 대결, 31척을 부수어서 명량대첩을 이끌었다. 1598년 명나라 陳璘 제독을 설득하여 함께 여수 묘도와 남해 露梁 앞바다에서 순천 왜교성으로부터 후퇴하던 적선 500여척을 기습하여 싸우다 적탄에 맞아 전사했다.

171 晉州(진주): 경상남도 남서부에 있는 고을. 동쪽은 함안군·창원시, 서쪽은 하동군, 남쪽은 사천시·고성군, 북쪽은 산청군·의령군과 접한다.

172 金時敏(김시민, 1554~1592): 본관은 安東, 자는 勉吾. 1578년 무과에 급제했다. 1591년 晉州 判官이 되었고, 이듬해 임진왜란이 일어나자 죽은 牧使 李璥을 대신하여 城池를 수축하고 무기를 갖추어 진주성을 지켰다. 이후 곽재우 등 의병장들과 합세하여 여러 차례 적의 공격을 막아내고 고성과 창원 등지의 성을 회복하는 등의 공로로 8월 진주목사에 임명되었다. 9월에는 적장 平小太를 사로잡는 전공을 세웠으며, 10월에는 왜군이 대대적으로 진주성을 공격하였다. 당시 진주성을 지키고 있던 그는 3,800여 명의 군대를 이끌고 적장 長谷川秀一가 이끄는 2만의 군대를 맞아 승리를 거두었다. 진주성 안에서의 전체적인 지휘를 그가 이끌었으며, 곽재우, 최경회 등 의병장들이 적군의 배후를 위협하는 도움을 받아 전투가 진행되었다. 10월 5일부터 11일까지 실시된 이 전투에서 마지막 날 적의 대대적인 총공세를 맞아 동문을 지키던 김시민 장군이 적의 탄환을 맞아

預設火藥, 及攻守之備, 堅守不動, 屢折其鋒。賊圍城十餘日, 死傷甚衆, 遂解圍而去。時敏以功, 陞兵使, 未及承命, 病死惜哉。

28. 금산 전투에서 금산군수 권종 및 고경명 부자 전사

왜적이 또 충청도에서 나뉘어 전라도를 향해 가다가 금산군(錦山郡)을 함락시켰는데, 군수(郡守) 권종(權悰) 및 의병장 전임 부사(前任府使) 고경명(高敬命)의 부자(父子)가 모두 전사하였다. 그러나 이 전투에서 군사들이 죽기를 각오하고 싸워서 죽거나 다친 자가 또한 상당하였다고 한다.

고경명(高敬命)은 장흥(長興)이 관향(貫鄕)인 자로서 대대로 광주(光州)에서 살았다. 아버지 고맹영(高孟英) 또한 문신(文臣)으로 벼슬이 통정대부(通政大夫)에 이르렀으나 어떤 일에 연좌되고서 당시에 쓰이지 못했다. 고경명은 문장이 한 시대에 우뚝하였으나 아버지의 잘못 때문에 당시 크게 드러내지 못하였다. 아버지가 죽은 뒤에 문장의 화려함으로 점차 등용되고 공을 쌓아서 벼슬이 통정대부에 이르러 동래 부사(東萊府使)가 되었다. 지금의 난리에 이르러서 의병을 일으키고 왜적을 토벌하여 절조 높은 행실을 볼 수가 있으니 한갓 문예만 일삼은 것이 아니었다. 아들 고종후(高從厚)·고인후(高仁厚: 高因厚의 오기)·고용후(高用厚)는 모두 문과에 급제하였고, 고순

쓰러지자 곤양 군수 이광악이 대신 작전을 지휘해 승리를 거두었다. 이 전투를 임진왜란 3대 대첩의 하나로 꼽기도 한다.

후(高循厚) 또한 진사(進士)이다.

권종(權悰)은 안동(安東)이 관향(貫鄕)인 자로서 영의정 권철(權轍)의 조카이다. 성품이 엄하고 굳세었는데, 관리가 되어서 혹독하고 성급하다고 일컬어졌으나 분명함과 엄준함을 스스로 받들어 능히 번화하고 복잡한 것을 다스렸다. 지금의 난리에 이르러서 절의를 지키다가 죽었다.【협주: 권공(權公)은 이조판서에 추증되었고 충민공(忠愍公)의 시호가 내려졌다.】

賊又自忠淸道, 分向全羅, 陷錦山[173]郡, 郡守權悰[174]及義兵將前府使高敬命[175]父子皆死之。然是戰也, 士卒殊死戰, 死傷亦相

---

173 錦山(금산): 충청남도의 남동부에 있는 고을. 동쪽은 충청북도 영동군, 서쪽은 논산시 및 전라북도 완주군, 남쪽은 전라북도 무주군과 진안군, 북쪽은 대전광역시와 충청북도 옥천군 등과 접한다.

174 權悰(권종, ?~1592): 본관은 安東, 자는 希顔. 도원수 權慄의 사촌 동생이다. 1592년 임진왜란이 일어나던 해에 금산군수로 부임하여 광주목사로 있던 도원수 권율과 서로 연락하여 국난에 대처할 것을 기약하였다. 먼저 군사를 이끌고 전주에 도착하였으나, 관찰사가 나이가 많음을 이유로 거느리고 있던 군사를 빼앗아 防禦·助防 兩陣에 이속시키고 군량 관리의 임무를 맡게 하였다. 6월 20일 왜적이 금산군에 이르자 그곳으로 돌아가 2백 명도 못 되는 병졸을 거느리고, 약간의 역졸을 거느리고 있던 濟源察訪 李克綱과 합세하여 적을 기다렸다. 한편, 의병장 高敬命·趙憲에게도 격문을 보내어 협력하여 방어할 것을 제의하였다. 22일 왜적이 대거 내습하자 하루 내내 대전하였으며, 다음날 격전 끝에 아들 權晙과 함께 전사하였다.

175 高敬命(고경명, 1533~1592): 본관은 長興, 자는 而順, 호는 苔軒·霽峯. 아버지는 대사간 高孟英이며, 어머니는 진사 徐傑의 딸이다. 1552년 진사가 되었고, 1558년 식년문과에 장원으로 급제해 成均館 典籍에 임명되고, 이어서 공조 좌랑이 되었다. 그 뒤 홍문관의 부수찬·부교리·교리가 되었을 때 仁順王后의 외숙인 이조판서 李樑의 전횡을 논하는 데 참여하고, 그 경위를 이량에게 몰래 알려준 사실이 드러나 울산군수로 좌천된 뒤 파직되었다. 1581년 영암군수로

當云。敬命長興[176]人，世居光州。父孟英[177]亦文臣，官至通政，以事擯不用於時。敬命文章高一世，以父累不大顯於時。後以文華漸見收用，累官[178]至通政，爲東萊府使。及是擧義討賊，可見其節行，不徒爲詞藻也。子從厚[179]·仁厚[180]·用厚[181]皆擢文科，循

다시 기용되었으며, 이어서 宗系辨誣奏請使 金繼輝와 함께 書狀官으로 명나라에 다녀왔다. 이듬해 서산군수로 전임되었는데, 明使遠接使 李珥의 천거로 從事官이 되었으며, 이어서 종부시첨정에 임명되었다. 1590년 承文院判校로 다시 등용되었으며, 이듬해 동래부사가 되었으나 서인이 실각하자 곧 파직되어 고향으로 돌아왔다. 1592년 임진왜란이 일어나 서울이 함락되고 왕이 의주로 파천했다는 소식을 전해 들은 그는 각처에서 도망쳐 온 官軍을 모았다. 두 아들 高從厚와 高因厚로 하여금 이들을 인솔, 수원에서 왜적과 항전하고 있던 廣州牧使 丁允佑에게 인계하도록 했다. 전라좌도 의병대장에 추대된 그는 종사관에 柳彭老·安瑛·楊大樸, 募糧有司에 崔尙重·楊士衡·楊希迪을 각각 임명했다. 그러나 錦山전투에서 패하였는데, 후퇴하여 다시 전세를 가다듬어 후일을 기약하자는 주위의 종용을 뿌리치고 "패전장으로 죽음이 있을 뿐이다."고 하며 물밀듯이 밀려오는 왜적과 대항해 싸우다가 아들 인후와 류팽로·안영 등과 더불어 순절했다.

176 長興(장흥): 전라남도 남쪽에 있는 고을. 동쪽은 보성군·고흥군, 서쪽은 강진군·영암군, 남쪽은 완도군, 북쪽은 화순군과 접한다.

177 孟英(맹영): 高孟英(1502~?). 본관은 長興, 자는 英之, 호는 霞川. 1540년 늦은 나이에 별시 문과에 급제하고, 1546년 예조 좌랑, 1547년 사헌부감찰, 1550년 持平을 지냈다. 1551년 沃川郡守로 나가, 1553년 선정을 베푼 공으로 명종으로부터 포상을 받았다. 1558년 이후 내직으로 들어와 獻納·掌令·執義·司諫을 역임하고, 1560년 世子侍講院 輔德을 거쳐, 1561년 강원도 관찰사로 나아갔다. 1562년 다시 내직으로 들어와 중추부 첨지사·동부승지·대사간·홍문관 부제학 및 병조·이조·호조의 참의를 지냈다. 1563년 權臣 李樑의 黨與로 탄핵을 받아 유배되었다.

178 累官(누관): 공을 쌓아 높은 자리로 나아감.

179 從厚(종후): 高從厚(1554~1593). 본관은 長興, 자는 道冲, 호는 隼峰. 光州 출신. 형조좌랑 高雲의 증손으로, 할아버지는 호조참의 高孟英, 아버지는 의병장 高敬命이다. 1570년 진사가 되고, 1577년 별시 문과에 급제하여 臨陂 縣令

厚[182]亦進士。權悰安東人，領議政轍[183]之從子。性嚴毅，爲吏號

에 이르렀다. 1592년 임진왜란 때 아버지 고경명을 따라 의병을 일으키고, 錦山 싸움에서 아버지와 동생 高因厚를 잃었다. 이듬해 다시 의병을 일으켜 스스로 復讐義兵將이라 칭하고 여러 곳에서 싸웠고, 위급해진 진주성에 들어가 성을 지켰으며 성이 왜병에게 함락될 때 金千鎰·崔慶會 등과 함께 南江에 몸을 던져 죽었다.

180 仁厚(인후): 高因厚(1561~1592)의 오기. 본관은 長興, 자는 善健, 호는 鶴峯. 1592년 임진왜란이 일어나자 전라도 관찰사 李洸은 관군을 이끌고 북상, 공주에 이르러 선조가 몽진하였다는 소식을 듣고 군대를 해산, 귀향시켰다. 이때 광주의 향리에 있으면서 아버지의 명에 따라 이들을 다시 모아 형 고종후와 함께 수원에 留陣하고 있는 丁允祐에게 인계하고 행재소로 가려 하였으나, 길이 막혀 귀향 중에 북상 중인 아버지의 의병 본진과 泰仁에서 합류하였다. 의병이 礪山에 이르러 黃澗·永同의 왜적이 장차 전라도로 침입하려 한다는 정보를 입수하고, 당초 계획을 변경하여 금산으로 향하였다. 금산에서 방어사 郭嶸의 관군과 합세하여 왜적을 방어하기로 하였으나, 왜적이 침입하자 관군이 먼저 붕괴되고, 이에 따라 의병마저 무너져 아버지 고경명과 함께 전사하였다.

181 用厚(용후): 高用厚(1577~?). 본관은 長興, 자는 善行, 호는 晴沙. 1605년 진사가 되고, 이듬해 증광문과에 급제하였다. 1607년 예조좌랑, 1614년 병조정랑이 되었으며, 이듬해 賜暇讀書를 하였다. 1616년 남원부사, 1624년 고성군수를 거쳐 뒤에 判決事에 이르렀다.

182 循厚(순후): 高循厚(1569~1648). 본관은 長興, 자는 道常, 호는 靜軒. 1591년 식년 진사시에 합격하고, 형조 좌랑을 지냈다.

183 轍(철): 權轍(1503~1578). 본관은 安東, 자는 景由, 호는 雙翠軒. 權慄의 아버지이다. 1534년 식년문과에 급제하여 성균관 관리, 예문관 검열을 거쳐 사관이 되었다. 실록의 기초 자료가 되는 사초를 쓸 때 외척으로서 세도를 부리던 좌의정 金安老의 專橫을 사실대로 적었다가 미움을 사 좌천되었다. 1537년 김안로가 죽은 뒤 복직되어 육조의 좌랑과 정랑, 사간원 직강, 홍문관 교리, 사헌부 지평 등을 역임하였다. 이후 임금을 가까이서 모시는 승정원에 들어가 도승지에 올랐다. 1556년 형조판서일 때 호남의 新中에 왜구가 침범하자 관찰사 겸 도순찰사가 되어 왜구를 소탕하고 돌아왔다. 1558년 명나라의 冊世子使臣이 올 때 원접사가 되어 마중하였으며, 1561년 우찬성에 임명되었다. 1565년 文貞王后의 죽음과 함께 외척으로 패악을 부렸던 병조 판서 尹元衡이 쫓겨나고, 권철이 우

酷急, 然自奉淸峻, 能理繁劇。及是死於節。【權公贈吏曹判書, 謚忠愍公.】

29. 금산 전투에서 조헌, 승장 영규와 전사

전임 정랑(前任正郞) 조헌(趙憲) 또한 의병을 일으키자 무리가 수천여 명이나 되었으며, 의승장(義僧將) 영규(靈奎: 靈圭의 오기)와 더불어 금산(錦山)의 왜적을 함께 공격하다가 전사하였다. 조헌은 청빈하면서도 마음이 준엄하고 곧아서 회피하는 법이 없었는데, 일찍이 온 조정의 경상(卿相: 삼정승과 육판서)들을 두루 비방하는 수만 자의 상소를 올렸으나 선조(宣祖)가 배척하고 받아들이지 않았는데도 또 상소를 올려서 구태여 떠들어대기를 그만두지 않자, 주상이 일찍이 요망한 자라고 배척한 적이 있었고 또 승정원(承政院)에 경계하여 말하기를, "저 한(漢)나라 때 한단(邯鄲)에서 가위눌릴 듯한 상소는 모름지기 받아들여서 아뢰지 말라."라고 한 적이 있었으니, 이로써 아주 멀리 떨어진 변경으로 내쳤다. 기축년(1589) 정여립(鄭汝立)의 옥사(獄事) 때, 지난날 그가 거리낌 없이 다 쏟은 말을 생각하고 조정으로 불러들였으나, 또 잘잘못을 말하는 것이 당초와 같이 변함없었으니 끝내 배척당하고 등용되지 못하였다. 지금의 난리에 이르러서 의병들을 불러 모아 마음을 다해 왜적을 토벌하다가 불행히도 죽었으니, 이른바 어떤 험난한 상황에서도 변하지 않았던

의정에 임명되었다. 1567년 좌의정에 이어 1571년 영의정에 올랐다.

자이다. 금산의 왜적은 이로부터 또한 죽거나 다친 자가 많았다. 그 뒤로 전주(全州) 지경에 침입했으나 성천지(成天祉)에게 패하고 도망쳐 달아났는데, 다시는 전라도를 재차 침입하지 않았으니 전라 한 도(道)만은 마침내 보전될 수 있었다.

前正郎趙憲[184], 亦起義兵, 有衆至數千餘, 與義僧將靈奎[185], 合

---

184 趙憲(조헌, 1544~1592): 본관은 白川, 자는 汝式, 호는 重峯·陶原·後栗. 1565년 성균관에 입학했으며, 1567년 식년문과에 급제하였다. 1568년 처음으로 관직에 올라 정주목·파주목·홍주목의 교수를 역임하면서 士風을 바로잡았다. 1572년부터 교서관의 정자·저작·박사를 지내면서, 궁중의 佛寺封香에 반대하는 疏를 올려 국왕을 진노하게 하였다. 1575년부터 호조·예조의 좌장, 성균관 전적·사헌부감찰을 거쳐, 경기도 통진 현감으로 있을 때, 內奴의 횡행죄를 엄히 다스리다 죽인 죄로 탄핵을 받아 부평으로 귀양갔다가 3년 만에 풀려났으며, 다시 공조 좌랑·전라도 도사·宗廟署令을 역임하였다. 1582년 계모를 편히 모시기 위하여 보은 현감을 자청하여 나갔다가 대간의 모함에 따른 탄핵을 받아 파직되었다가, 다시 公州牧提督을 지냈다. 1587년 鄭汝立의 흉패함을 논박하는 萬言疏를 지어 縣道上疏하는 등 5차에 걸쳐 상소문을 올렸으나 모두 받아들여지지 않았다. 다시 일본 사신을 배척하는 소와 李山海가 나라를 그르침을 논박하는 소를 대궐문 앞에 나아가 올려 국왕의 진노를 샀다. 관직에서 물러난 뒤 옥천군 안읍밤티(安邑栗峙)로 들어가 後栗精舍라는 서실을 짓고 제자 양성과 학문을 닦는 데 전념하였다. 1589년 持斧上疏로 時弊를 극론하다가 길주 嶺東驛에 유배되었으나, 이 해 정여립의 모반사건으로 동인이 실각하자 풀려났다. 1591년 일본의 도요토미(豊臣秀吉)가 玄蘇 등을 사신으로 보내어 명나라를 칠 길을 빌리자고 하여, 조정의 상하가 어찌할 바를 모르고 있을 때, 옥천에서 상경, 지부상소로 대궐문 밖에서 3일간 일본 사신을 목 벨 것을 청했으나 받아들여지지 않았다. 1592년 임진왜란이 일어나자 옥천에서 의병을 일으켜 영규 등 승병과 합세해 청주를 탈환하였다. 이어 전라도로 향하는 왜군을 막기 위해 금산 전투에서 분전하다가 의병들과 함께 모두 전사하였다.

185 靈奎(영규): 靈圭(?~1592)의 오기. 密陽朴氏. 호는 騎虛. 충청남도 공주 출신. 계룡산 甲寺에 들어가 출가하고, 뒤에 休靜의 문하에서 법을 깨우쳐 그의 제자가 되었다. 임진왜란이 일어나자 분을 이기지 못하여 3일 동안을 통곡하고 스스

攻錦山賊, 死之。憲淸苦峭直, 無所回避, 嘗歷詆滿朝卿相[186], 上疏累數萬言, 宣廟斤[187]之不用, 又上疏强聒不捨, 上嘗斥以人妖, 又嘗戒政院曰: "邯鄲鬼魘[188]之疏, 不須納啓." 以此斥逐荒遠。己丑鄭汝立[189]之變, 上追思盡言[190], 召還于朝, 又言得失如初, 竟擯不用。及是召募義士, 盡心討賊, 不幸而死, 所謂夷險不改者

로 승장이 되었다. 義僧 수백 명을 규합하여 관군과 더불어 청주성의 왜적을 쳤다. 관군은 패하여 달아났으나 그가 이끄는 승병이 분전하여 마침내 8월초 청주성을 수복하였다. 이어 의병장 趙憲이 전라도로 향하는 고바야가와(小早川隆景)의 일본군을 공격하고자 할 때, 그는 관군과의 연합작전을 위하여 이를 늦추자고 하였다. 그러나 조헌이 듣지 않자 그는 조헌을 혼자서 죽게 할 수는 없다고 하면서 조헌과 함께 금산전투에 참가하였다. 그리하여 조헌이 이끄는 의사와 영규가 거느린 승군은 1592년 8월 18일 금산전투에서 최후의 한 사람까지 싸워 일본군의 호남침공을 저지하였다.

186 卿相(경상): 高官大爵. 三政丞과 六判書를 말한다.

187 斤(근): 斥의 오기.

188 邯鄲鬼魘(한단귀염): 漢나라 光武帝가 鉅鹿에서 王郎의 군사를 격파하고 邯鄲에 입성한 뒤에 평소 왕랑과 교제했던 관리와 서민의 이름이 적힌 수천 장의 문서를 보지도 않고 불태우게 한 것을 일컫는 듯. 鬼魘은 가위눌리는 것이다.

189 鄭汝立(정여립, 1546~1589): 본관은 東萊, 자는 仁伯. 1589년 황해도 관찰사 韓準과 안악군수 李軸, 재령군수 朴忠侃 등이 연명하여 정여립 일당이 한강이 얼 때를 틈타 한양으로 진격해 반란을 일으키려 한다고 고발했다. 관련자들이 차례로 잡혀가자 정여립은 아들 玉男과 함께 竹島로 도망하였다가 관군에 포위되자 자살했고 그의 아들 鄭玉男은 체포되어 국문을 받았다. 이 사건의 처리를 주도한 것은 鄭澈 등의 서인이었으며, 동인인 李潑·李浩·白惟讓 등이 정여립과 가깝다는 이유만으로 처형되는 등 동인의 세력이 크게 약화되었다. 이를 己丑獄事라고 한다. 이 사건을 계기로 전라도는 叛逆鄕이라 불리게 되었고, 이후 호남인들의 등용이 제한되었다. 정여립은 '천하는 일정한 주인이 따로 없다.'는 天下公物說과 '누구라도 임금으로 섬길 수 있다.'는 何事非君論 등 왕권 체제하에서 용납될 수 없는 혁신적인 사상을 품은 사상가이기도 하였다.

190 盡言(진언): 생각한 바를 거리낌 없이 다 쏟아 놓은 말.

也。錦山之賊，自是亦多死傷。後侵入全州境，爲成天祉[191]所敗，遁還，不復再犯全羅，全羅一道，遂得保全。

30. 최경회·임계영 의병을 일으켜 김면 의병과 합세

그 후에 전임 부사(前任府使) 최경회(崔慶會)·전임 현감(前任縣監) 임계영(任季英: 任啓英의 오기) 또한 의병을 일으키고 우도(右道: 경상우도) 도대장(都大將) 김면(金沔)과 합세하여 개령(開寧)·선산(善山)의 왜적을 토벌하였다.

其後，前府使崔慶會[192]·前縣監任季英[193]，亦起兵，與右道都大將金沔合勢，討開寧·善山之賊。

---

191 成天祉(성천지, 1553~1593): 본관은 昌寧, 자는 彦吉. 1572년 별시 무과에 급제하였다. 합천군수를 거쳐 진도군수를 지내다가 1593년에 전사하였다.

192 崔慶會(최경회, 1532~1593): 본관은 海州, 자는 善遇, 호는 三溪·日休堂·전라남도 陵州 출신이다. 1561년 進士가 되고, 1567년 式年文科에 급제, 寧海郡守가 되었다. 1592년 임진왜란 때 의병장이 되어 錦山·茂州 등지에서 왜병과 싸워 크게 전공을 세워 이듬해 경상우도 兵馬節度使에 승진했다. 그해 6월 제2차 晉州城 싸움에서 9주야를 싸우다 전사했다.

193 任季英(임계영): 任啓英(1528~1597)의 오기. 본관은 長興, 자는 弘甫, 호는 三島. 1576년 별시 문과에 급제하여 진보 현감을 지냈다. 1592년 임진왜란 때 전현감 朴光前, 능성현령 金益福, 진사 文緯) 등과 보성에서 의병을 일으켰다. 당시 와병 중이던 박광전 대신 의병장으로 추대되고, 순천에 이르러 張潤을 부장으로 삼았다. 다시 남원에 이르기까지 1,000여 명을 모집하여 전라좌도 의병장이 되었다. 전라우도 의병장 崔慶會와 함께 장수·거창·합천·성주·개령 등지에서 일본군을 무찔렀다. 1593년 제2차 진주성 싸움에 그는 부장 장윤에게 정예군 300명을 이끌고 먼저 성에 들어가게 하고, 자신은 밖에서 곡식과 무기를 조달하다가 적이 이미 성을 포위하였으므로 성에 들어가지 못하였다.

31. 권율 행주산성에서 활약

감사(監司: 전라감사) 권율(權慄)이 군사를 거느리고 경기도의 행주(幸州)로 나아갔다. 행주에 주둔하고 있던 왜적이 또한 수만 명이었는데, 당병(唐兵: 명나라 군사)이 송도(松都: 개성)에 이르렀다는 소식을 듣고 그들의 진영(陣營)을 비워 두고 구원하러 달려갔다. 권율이 빈틈을 타서 왜적 진영을 빼앗고 점거해 버리자, 송도의 왜적은 모두 스스로 두려워하여 물러났고 행주의 왜적 또한 제각기 본진으로 돌아갔다. 권율이 이미 험준한 곳을 빼앗으니 주인으로서 객을 대비하는 격이었으므로 군사들이 모두 죽기를 각오하고 싸우면서 지르는 함성이 천지를 진동하였으며, 적을 이루 다 셀 수 없을 정도로 죽이거나 사로잡았다. 적들이 이로써 기세가 꺾여 줄줄이 무너져서 감히 나오지 못하자, 당장(唐將: 명나라 장수)이 이 소식을 듣고서 치하하여 장려하려고 황조(皇朝: 명나라 조정)에 주문(奏文)으로 아뢰었다.

권율(權慄)은 곧 영의정 권철(權轍)의 아들로 평시에는 사리에 어둡고 세상 물정을 모르는 사람이라 일컬어졌으나, 큰 절조를 세울 때를 당해서는 굳건히 서는 것이 이와 같았으니, 이른바 세상이 어지러워야 성실한 신하를 알 수 있다는 것이다. 당초에 이광(李洸)이 감사(監司)였으나 능히 근왕(勤王)하지 못하여 곤장을 쳐서 파면시키고 권율로 대신하게 하였다. 지금의 난리에 이르러서 공적을 세웠으니 위대하다고 할 만하다.

監司權慄[194], 領兵進京畿道幸州[195]。幸州留賊且萬數, 聞唐兵

---

194 權慄(권율, 1537~1599): 본관은 安東, 자는 彦愼, 호는 晩翠堂·暮嶽. 1582년

到松都[196], 空其陣赴援。慄, 奪其陣據之, 松都之賊, 皆自慴退, 幸州之賊, 亦各還陣。慄已奪其險, 以主待客, 軍皆死戰, 呼聲動天地, 殺獲不可勝計。賊以此奪氣, 披靡不敢進, 唐將聞而嘉奬, 奏聞皇朝。慄卽領議政轍之子, 在平時, 稱爲迂濶[197], 及臨大節, 立脚如此, 所謂板蕩識誠臣[198]者也。初李洸[199]爲監司, 以不能勤

식년문과에 급제했다. 임진왜란이 일어나 수도가 함락된 후 전라도순찰사 李洸과 防禦使 郭嶸이 4만여 명의 군사를 모집할 때, 광주목사로서 곽영의 휘하에 들어가 中衛將이 되어 북진하다가 용인에서 일본군과 싸웠으나 패하였다. 그 뒤 남원에 주둔하여 1,000여 명의 의용군을 모집, 금산군 梨峙싸움에서 왜장 고바야카와 다카카게[小早川隆景]의 정예부대를 대파하고 전라도 순찰사로 승진하였다. 또 북진 중에 수원의 禿旺山城에 주둔하면서 견고한 진지를 구축하여 持久戰과 遊擊戰을 전개하다 우키타 히데이에[宇喜多秀家]가 거느리는 대부대의 공격을 받았으나 이를 격퇴하였다. 1593년에는 병력을 나누어 부사령관 宣居怡에게 시흥 衿州山에 진을 치게 한 후 2800명의 병력을 이끌고 한강을 건너 幸州山城에 주둔하여, 3만 명의 대군으로 공격해온 고바야카와의 일본군을 맞아 2만 4000여 명의 사상자를 내게 하며 격퇴하였다. 그 전공으로 도원수에 올랐다가 도망병을 즉결처분한 죄로 해직되었으나, 한성부판윤으로 재기용되어 備邊司堂上을 겸직하였고, 1596년 충청도 순찰사에 이어 다시 도원수가 되었다. 1597년 정유재란이 일어나자 적군의 북상을 막기 위해 명나라 提督 麻貴와 함께 울산에서 대진했으나, 명나라 사령관 楊鎬의 돌연한 퇴각령으로 철수하였다. 이어 順天 曳橋에 주둔한 일본군을 공격하려고 했으나, 전쟁의 확대를 꺼리던 명나라 장수들의 비협조로 실패하였다. 임진왜란 7년 간 군대를 총지휘한 장군으로 바다의 이순신과 더불어 역사에 남을 전공을 세웠다. 1599년 노환으로 관직을 사임하고 고향에 돌아갔다.

195 幸州(행주): 경기도 고양지역의 옛 지명. 경기도 고양시 덕양구에 있는 동이다.

196 松都(송도): 開城. 松嶽山 밑에 있던 서울이란 뜻으로 일컫는 말이다.

197 迂濶(우활): 사리에 어둡고 세상 물정을 모름.

198 板蕩識誠臣(판탕식성신): 《舊唐書》에서 당나라 太宗이 蕭瑀를 칭찬하면서 "질풍이 불어야 강한 풀을 알고 세상이 어지러워져야 성실한 신하를 알 수 있다.(疾風知勁草, 板蕩識誠臣.)"라고 한 데서 유래한 말.

王, 杖罷之, 以慄代之。至是, 遂成勳績, 可謂偉矣。

32. 김천일 의병 일으켜 강화도에서 세자 호위

김천일(金千鎰) 또한 의병을 일으켜 근왕하였고, 강화도(江華島)에 들어가서 세자를 호위하였다.

당시에 여러 도(道)에서 의병을 일으켜 적개심을 품지 않은 곳이 없었지만, 오직 강원도(江原道)와 함경도(咸鏡道)만은 갈피를 잡지 못하여 한 사람도 의기를 떨친 자가 없었는데, 함경도 사람들은 두

---

199 李洸(이광, 1541~ 1607): 본관은 德水, 자는 士武, 호는 雨溪散人. 1567년 생원이 되고, 1574년 별시 문과에 급제하였다. 평안 병마평사·성균관 전적·병조좌랑·정언·형조좌랑 등을 거쳐 1582년 예조정랑·지평, 이듬해 성균관직강·북청 판관·함경도 도사를 지냈다. 1584년 병조정랑·장악원 첨정을 거쳐, 함경도 암행어사로 나가 북도민의 구호 현황을 살피고 돌아와 영흥 부사가 되었다. 1586년 길주 목사로 나갔다가 함경도 관찰사 겸 순찰사로 승진했고 1589년 전라도 관찰사가 되었다. 그해 겨울 모역한 鄭汝立의 문생과 그 도당을 전부 잡아들이라는 영을 어기고, 혐의가 적은 인물을 임의로 용서해 풀어주었다가 탄핵을 받고 삭직되었다. 1591년 호조 참판으로 다시 기용되었으며, 곧 지중추부사로서 전라도 관찰사를 겸임하였다. 이듬해 임진왜란이 일어나자 전라감사로서 충청도 관찰사 尹先覺, 경상도 관찰사 金睟와 함께 관군을 이끌고 북상해 서울을 수복할 계획을 세웠다. 그리하여 5월에 崔遠에게 전라도를 지키게 하고, 스스로 4만의 군사를 이끌고 나주 목사 李慶福을 중위장으로 삼고, 助防將 李之詩를 선봉으로 해 林川을 거쳐 전진하였다. 그러나 도중 용인의 왜적을 공격하다가 적의 기습을 받아 실패하자 다시 전라도로 돌아왔다. 그 뒤 왜적이 전주·금산 지역을 침입하자, 光州牧使 權慄을 도절제사로 삼아 熊峙에서 적을 크게 무찌르고, 전주에 육박한 왜적을 그 고을 선비 李廷鸞과 함께 격퇴시켰다. 같은 해 가을 용인 패전의 책임자로 대간의 탄핵을 받고 파직되어 백의종군한 뒤, 의금부에 감금되어 벽동군으로 유배되었다가 1594년 고향으로 돌아왔다.

왕자를 팔아서 적에게 아첨하는 지경에 이르렀으니 애통하고 애통하였다.

金千鎰[200], 亦起義兵勤王, 入衛世子於江華。當時諸道, 莫不擧義敵愾, 而唯江原·咸鏡漠然, 無一人奮義者, 咸鏡之人, 至賣二王子媚賊, 痛哉痛哉。

33. 왜적 조령 넘자, 이산해 의견에 따라 임금 도성을 떠나 피란길에 오름

처음에 왜적이 조령(鳥嶺)을 넘자, 조정의 분위기가 흉흉하여 주상(主上)이 원수를 피할 계책을 논의하였다. 심수경(沈守慶) 등이 종묘사직이 이곳에 있음을 생각하고는 전하가 이곳을 버리고 어디로 가시겠느냐며 울면서 매우 간절히 간(諫)하였다. 이때 이산해(李山海)가 주상 앞에 있으면서 주상의 뜻을 힘껏 보필하자, 이에 서쪽으

---

200 金千鎰(김천일, 1537~1593): 본관은 彦陽, 자는 士重, 호는 健齋·克念堂. 1592년 임진왜란 때 나주에 있다가 高敬命·朴光玉·崔慶會 등과 함께 의병을 일으켰다. 선조가 피난 간 평안도를 향해 가다가, 왜적과 싸우면서 수원의 禿山城을 점령하였고 용인의 金嶺(지금의 경기도 용인시 처인구 역북동 일대) 전투에서 승리한 뒤 강화도로 들어갔다. 용인전투는 의병에게는 첫 번째 승리를 안겨주었기 때문에 그 공으로 判決事가 되고 倡義使의 호를 받았다. 왜적에게 점령된 서울에 결사대를 잠입시켜 싸우고, 한강변의 여러 적진을 급습하는 등 크게 활약하였다. 다음해 정월 명나라 제독 李如松의 군대가 개성을 향해 남진할 때, 그들의 작전을 도왔다. 또한 왜군이 남쪽으로 퇴각하자, 절도사 최경회 등과 함께 晋州城을 사수하였다. 그 뒤 진주성을 지킬 때 백병전이 벌어져, 화살이 떨어지고 창검이 부러져 대나무 창으로 응전하였다. 마침내 성이 함락되자 아들 金象乾과 함께 南江에 투신하여 자결하였다.

로 파천하는 것을 의논하여 결정하였다.

조정의 논의가 바야흐로 떠들썩해지자, 주상은 인심이 요동칠까 두려워 곧 4월 29일에 미복(微服: 남루한 옷) 차림으로 의장병(儀仗兵: 호위병)도 없이 오경(五更: 새벽 4시 전후)에 신문(新門: 서대문이라 일컫는 敦義門)을 거쳐 나갔다. 중전(中殿) 및 폐희(嬖姬: 총희) 김 숙원(金淑媛: 인빈김씨)은 따랐으나, 빈어(嬪御: 임금의 첩)들도 대부분 미처 따라가지 못하였고 조정의 신하들 또한 대부분 알지 못하였다. 허둥지둥 피난길을 가다가 송도(松都)에 이르렀을 때, 종친(宗親) 및 시종신(侍從臣)들이 이산해가 임금의 비위를 맞추어 일을 그르친 죄를 다투어 논하였지만, 주상이 처음에는 기꺼이 따르려 하지 않았다. 언관(言官)의 시비곡직을 논하는 것이 그치지 않자, 주상이 말하기를, "좌상(左相) 류성룡(柳成龍)도 당시에 또한 이산해의 주장이 옳다고 했었는데, 그대들은 어찌 이산해를 탄핵하는 데만 그치려 한단 말인가?"라고 하였다. 주서(注書) 아무개가 앞으로 나아와 말하기를, "생각건대 류성룡이 옳다고 한 것은 심수경의 주장이지 이산해의 주장을 일컬은 것이 아닙니다."라고 하자, 주상은 하는 수 없이 이산해를 영상(領相)에서 파면시켜 평해(平海)로 유배를 보냈고, 류성룡 등도 또한 능히 간하여 제지하지 못한 까닭으로 아울러 파면하여, 최흥원(崔興源)을 영의정으로, 윤두수(尹斗壽)를 좌의정으로, 유홍(兪泓)을 우의정으로 삼았다.

初賊之踰鳥嶺也, 朝廷洶洶, 主上議避仇之策。沈守慶[201]等, 以

---

201 沈守慶(심수경, 1516~1599): 본관은 豊山, 자는 希顔, 호는 聽天堂. 1546년

爲宗廟社稷在此, 殿下捨此何之? 泣諫甚切。時李山海[202], 在上前, 力贊上意, 乃決西遷之議。朝論方喧, 上恐人心搖動, 乃於四月二十九日, 以微服不具儀衛[203], 夜五鼓由新門[204]出。以中殿及嬖姬[205]金淑媛[206]從, 嬪御[207]多未及行, 朝臣亦多未知。蒼黃行及

식년문과에 급제, 賜暇讀書하였다. 1552년 檢詳을 거쳐 직제학을 지냈다. 1562년 靖陵(中宗陵)을 이장할 때, 경기도 관찰사로 大輿가 한강을 건너는 船艙 설치를 하지 않은 죄로 파직되었다. 뒤에 대사헌과 8도 관찰사를 역임하였으며, 청백리에 녹선되었다. 1590년 우의정에 오르고 기로소에 들어갔다. 1592년 임진왜란이 일어나자 삼도체찰사가 되어 의병을 모집하였으며, 이듬해 영중추부사가 되었다가 1598년 벼슬길에서 물러났다.

202 李山海(이산해, 1539~1609): 본관은 韓山, 자는 汝受, 호는 鵝溪·終南睡翁. 1578년 대사간이 되어 서인 尹斗壽·尹根壽·尹晛 등을 탄핵해 파직시켰으며, 1588년 우의정에 올랐을 무렵 동인이 남인·북인으로 갈라지자 북인의 영수로 정권을 장악하였다. 1590년 鄭澈이 建儲(세자 책봉) 문제를 일으키자 아들 李慶全을 시켜 金公諒(仁嬪의 오빠)에게 정철이 인빈과 信誠君을 해치려 한다는 말을 전해 물의를 빚었으며, 아들로 하여금 정철을 탄핵시켜 강계로 유배시켰다. 한편 이와 관련해 호조판서 윤두수, 우찬성 윤근수와 白惟咸·柳拱辰·李春英·黃赫 등 서인의 영수급을 파직 또는 귀양보내고 동인의 집권을 확고히 하였다. 1592년 임진왜란 때 왕을 호종해 개성에 이르렀으나, 나라를 그르치고 왜적을 침입하도록 했다는 兩司(사간원·사헌부)의 탄핵을 받고 파면되었다. 白衣로 평양에 이르렀으나, 다시 탄핵을 받아 平海에 中途付處되었다.

203 儀衛(의위): 儀仗兵을 말함. 보통 儀는 文을, 衛는 武를 상징한다.

204 新門(신문): 한양의 4대문의 하나인 敦義門(서대문)을 통속적으로 이르는 말.

205 嬖姬(폐희): 임금의 총애를 받는 후궁.

206 金淑媛(김숙원): 仁嬪金氏(1555~1613). 金漢佑의 딸로 水原金氏이다. 1573년 淑媛으로 봉작된 이후 정3품 소용, 1604년 종2품 숙의, 종1품 귀인을 거쳐 1604년 정1품 仁嬪이 되었다. 宣祖가 임진왜란과 정유재란으로 피란을 갈 때도 懿仁王后가 아닌 그녀를 곁에 데리고 갈 만큼 총애 받았다. 심지어 전쟁이 한창인 1593년에는 황해도 海州 행궁에서 정휘옹주를 낳았다. 그녀는 4남5녀를 낳았는데, 특히 定遠君의 아들인 陵陽大君이 인조반정으로 왕위에 올랐다.

松都, 宗親及侍從之臣, 爭論山海逢迎[208]誤事之罪, 上初不肯從。言者論列[209]未已, 上以爲: "左相柳成龍[210], 當時亦以山海議爲是, 爾等何爲止劾山海耶?" 注書某進言: "以爲成龍之所是者, 是沈守慶之論, 非謂山海也." 上不得已罷山海相黜平海[211], 柳成龍等亦以不能諫止之故並罷之, 以崔興源[212]·尹斗壽[213]·兪泓[214]爲相。

---

207 嬪御(빈어): 임금의 첩.

208 逢迎(봉영): 남의 뜻에 맞추어 줌.

209 論列(논렬): 시비곡직을 논함.

210 柳成龍(류성룡, 1529~1603): 본관은 豊山, 자는 而見, 호는 西厓. 李滉의 제자이다. 1566년 별시문과에 급제하였다. 1569년 聖節使 서장관으로 명나라에 다녀왔다. 1583년 부제학이 되어 〈備邊五策〉을 지어 올렸으며, 1589년에는 왕명으로 〈孝經大義跋〉을 지어 올리기도 하였다. 왜란이 있을 것을 대비해 형조정랑 權慄과 정읍현감 李舜臣을 각각 의주목사와 전라도좌수사에 천거하고 1592년 4월 판윤 申砬과 軍事에 대하여 논의하여 일본침입에 대한 대비책을 강구하였다. 4월 13일 왜적의 내침이 있자 도체찰사로 군무를 총괄하고, 영의정이 되어 왕을 扈從하였다. 1593년 명나라 장수 이여송과 힘을 합해 평양성을 수복하고 4도의 도체찰사가 되어 군사를 총지휘하여, 이여송이 碧蹄館에서 대패하여 西路로 퇴각하자 권율 등으로 하여금 파주산성을 방어케 하였다. 1604년 扈聖功臣 2등에 책록되고 다시 豊山府院君에 봉해졌다. 영남유생의 추앙을 받았다.

211 平海(평해): 경상북도 울진 지역의 옛 지명. 울진군 평해읍이다.

212 崔興源(최흥원, 1529~1603): 본관은 朔寧, 자는 復初, 호는 松泉. 1555년 소과를 거쳐 1568년 증광문과에 급제하여, 장령·정언·집의·사간을 역임하였으며, 이어 동래와 부평의 부사를 지냈다. 1578년 승지로 기용되고, 1588년 평안도관찰사가 되었다. 이후 지중추부사를 거쳐 1592년 임진왜란이 일어나자 경기도와 황해도 순찰사, 우의정·좌의정을 거쳐 柳成龍의 파직에 따라 영의정에 기용되었다. 임진왜란 당시 왕을 의주까지 호종했던 공으로 1604년 扈聖功臣에 追錄되었다.

213 尹斗壽(윤두수, 1533~1601). 본관은 海平. 자는 子仰, 호는 梧陰. 尹根壽의 형이다. 1592년 임진왜란이 발발하자 어영대장·우의정을 거쳐 좌의정에 이르렀다. 평양 行在所에 임진강의 패배 소식이 전해지자, 명나라에 구원을 요청하자

34. 왜적 한양 도성 함락

이에, 왜적들은 5월 5일에 대궐을 침범하여 마치 무인지경에 쳐들어오듯 하니, 도성 안에 살던 백성들이 처음에는 모두 피해 산골짜기로 나갔다. 그 후로 왜적들이 인심을 수습하려고 죽이는 짓을 행하지 않자, 피란했던 사람들이 도로 모두 투항해 들어와서 저자의 가게가 바뀌는 일이 없이 서로 물건을 사고팔았다.

왜적들이 사방으로 나와 불 지르고 약탈하였는데, 어떤 자들이 그 앞잡이가 되니 왜적의 살육과 약탈이 도리어 심해진 면이 있었다. 성균관(成均館)의 하인이 더욱 심하였는데, 사족(士族) 또한 투탁하는 자가 있어서 분탕질과 살육을 잘하는 계책으로 삼아 남의

는 주장에 반대하고 우리의 힘으로 최선의 노력을 다하자고 주장하였다. 이조판서 李元翼, 도원수 金命元 등과 함께 평양성을 지켰다. 이듬해 三道體察使를 겸했으며, 1595년 판중추부사가 되었고 海原府院君에 봉해졌다. 1597년 정유재란 때에는 영의정 柳成龍과 함께 난국을 수습하였다. 이듬해 좌의정이 되고 영의정에 올랐으나, 대간의 계속되는 탄핵으로 사직하고 南坡에 물러났다.

214 兪泓(유홍, 1524~1594): 본관은 杞溪, 자는 止叔, 호는 松塘. 1553년 별시 문과에 급제, 승문원 정자·典籍·지제교·持平·掌令·집의 등 문관 요직을 역임하였다. 1557년 강원도 암행어사로 나가 민심을 수습하고, 1563년 권신 李樑의 횡포를 탄핵하였다. 이듬해 試官으로 李珥를 뽑았으며, 1565년 文定王后 상사 때에는 山陵都監으로 치산의 일을 맡았고, 춘천부사가 되어서는 선정을 베풀어 선정비가 세워졌다. 1573년 함경도병마절도사로 회령부사를 겸했고, 그 뒤 개성부유수를 거쳐 충청·전라·경상·함경·평안도의 관찰사와 한성판윤 등을 역임했다. 1587년 명나라에 사신으로 가서 이성계가 고려의 권신 李仁任의 아들로 잘못된 것을 바로잡았으며, 1589년 좌찬성으로서 판의금부사를 겸해 鄭汝立의 逆獄을 다스렸다. 1592년 임진왜란 때 선조를 호종했고, 평양에서 세자(뒤의 광해군)와 함께 종묘사직의 신위를 모시고 동북 방면으로 가 도체찰사를 겸임하였다. 1594년 좌의정으로서 해주에 있는 왕비를 호종하다가 객사하였다.

재물을 탐하고 남의 명예를 더럽혀 욕되게 하는 것을 능사로 삼았으니, 남의 집에 있는 경서(經書) 및 제자백가서(諸子百家書)와 역사서(歷史書)를 보면 반드시 짓밟으며 불태우고 심지어 오물을 쳐발라 내버리기까지 하였으며, 사대부가의 여자를 보면 반드시 더럽히기까지 하여 목숨을 버린 여자가 끊임없었다고 한다.

賊乃於五月五日犯闕，如入無人之境，城中居民，初皆避出山谷。其後賊欲收人心，不行斬伐，避亂之人，還皆投入，市肆不易，相爲貿賣。賊之四出焚劫也，或爲之引導，其斬伐劫掠，反有甚焉。成均館下人爲尤甚，士族亦有投入，以焚蕩殺越[215]爲良謀，貪婪[216]汚辱爲能事，見人家經籍子史，必踐踏焚毁，至於塗糞穢棄之，見士女，必加汚辱，殞命者滔滔云。

35. 행재소 평양에 도착, 세자 책봉 교서 반포

행재소(行在所)가 평양(平壤)에 도착해서야 비로소 세자를 책봉하는 교서(敎書)를 조정과 민간에 반포하였는데, 세자(世子)는 김 시위(金侍衛: 恭嬪金氏인 듯)가 낳은 둘째 아들이다. 처음에는 광해군(光海君)으로 봉해졌는데, 이때 임해군(臨海君)의 소행이 도리에 많이 어긋나서 버릇이 없었으니, 이에 광해군을 특진(特進)하여 세자로 봉해 그대로 군사를 보살피고 나랏일을 감독하도록 하였다. 당초에

215 殺越(살월): 사람을 죽여 넘어뜨림. 곧 마구 살상하는 것을 일컫는다.

216 貪婪(탐람): 재물이나 음식을 탐냄.

주상이 오래도록 후사(後嗣)를 정하지 않아 인심은 정해진 바를 알지 못하였고, 조정의 신하들이 여러 차례 정하기를 청해도 윤허하지 않았으니, 윤선각(尹先覺)은 이 세자 책봉을 간한 것 때문에 상주목사(尙州牧使)로 나갔었으나 사람들은 감히 말하지 못하였다. 지금의 난리에 이르러 조정에서 또 청하자 그제야 따랐으나, 허둥지둥 미처 교서(教書)를 반포하지 못하였다.

이때 이르러서 비로소 조정과 민간에 반포하였으니, 교서에 이르기를, "지금 기읍(箕邑: 평양)에 와서야 비로소 조정과 민간에 반포하게 되었다만, 지난날 한양(漢陽) 도성에서 이미 신민(臣民)들의 축하까지 받았었다."라고 하였다. 또 이르기를, "마치 큰 강을 건너는데 그 나루터조차 전혀 알지 못하는 것과 같으니, 나라의 어려움을 널리 구제하도록 원자(元子: 왕세자)를 공경히 보호하라." 하였다.

行在到平壤, 始頒封世子教於中外, 世子卽金侍衛[217]所出第二子也。初封光海君[218], 時臨海君[219]所爲, 多悖戾無狀[220], 乃以光

---

217 金侍衛(김시위): 恭嬪金氏(1553~1577)인 듯. 宣祖의 후궁으로 臨海君과 光海君의 생모이다. 영돈녕부사를 지낸 金希哲의 딸이다.

218 光海君(광해군, 1575~1641): 본관은 全州, 이름은 李琿. 宣祖의 둘째아들로, 어머니는 恭嬪金氏이다. 妃는 판윤 柳自新의 딸이다.1592년 임진왜란이 일어나자 피난지 평양에서 서둘러 세자에 책봉되었다. 선조와 함께 의주로 가는 길에 영변에서 만약의 사태에 대비해 分朝를 위한 國事權攝의 권한을 위임받았다. 그 뒤 7개월 동안 강원·함경도 등지에서 의병 모집 등 분조 활동을 하다가 돌아와 行在所에 합류하였다. 서울이 수복되고 명나라의 요청에 따라 조선의 방위체계를 위해 軍務司가 설치되자 이에 관한 업무를 주관하였다. 또 1597년 정유재란이 일어나자 전라도에서 모병·군량 조달 등의 활동을 전개하였다. 1594년 尹根壽를 파견해 세자 책봉을 명나라에 주청했으나, 장자인 임해군이 있다 하여

海君, 特進封爲世子, 仍令撫軍監國。初上久不定繼嗣, 人心不知所屬, 朝臣屢請, 不允, 尹先覺[221]以此, 出守尙州[222], 人莫敢言。及是, 朝廷又以爲請, 乃從之, 蒼黃未及頒敎。至此始布中外, 有曰: "今來箕邑, 始頒中外之敎, 昔在漢都, 已受臣民之賀." 又曰: "若涉大水, 茫未知其津涯[223], 弘濟艱難, 用敬保于元子."

36. 정곤수 명나라에 보내어 구원병 요청

주상은 본국의 인심이 이미 흩어지고 병력도 이미 고갈되어 형세상 능히 수복할 수가 없자, 마침내 주문(奏文)으로 황조(皇朝: 명나라

거절당하였다.

219 臨海君(임해군, 1574~1609): 宣祖의 맏아들 珒. 임진왜란 때 왜군의 포로가 되었다가 석방되었다. 광해군 즉위 후 유배되었다가 죽었다.

220 無狀(무상): 아무렇게나 함부로 행동하여 버릇이 없음.

221 尹先覺(윤선각, 1543~1611): 본관은 坡平, 자는 粹天, 초명은 國馨, 호는 恩省·達川. 1568년 別試文科에 급제, 좌승지 등을 지냈다. 1592년 충청도관찰사가 되고, 임진왜란이 일어나자 왜적을 맞아 싸우다가 패전하여 삭직되었다. 뒤에 재기용되어 충청도순변사·판결사·중추부동지사 등을 거쳐, 비변사 堂上이 되어 임진왜란 뒤의 혼란한 업무를 수습하였다. 광해군 초에 공조판서를 지냈다.

222 《宣祖修正實錄》 1589년 4월 1일 2번째기사에 나옴. "特旨로 승지 尹先覺(뒤에 國馨으로 고쳤다.)을 尙州牧使로 삼았다. 선각이 입시하여 아뢰기를, '왕자의 나이가 어리니 제 시기에 맞추어 교양해야 합니다. 외간에서는 모두들 왕자가 山澤의 이익을 빼앗아 점유한다고 말하고 또 뇌물 청탁이 자못 행해지고 있다고들 하니 더욱 禁戒해야 합니다.' 하고, 또 箚子를 올려, 世子를 일찍 세우고 왕자를 敎導할 것을 청하였는데 수일이 지나서 이 임명이 있었다."라고 기록되어 있다.

223 津涯(진애): 배를 대는 언덕. 나루터.

조정)에 알리고 구원병을 청하느라 사신 일행이 그치지 않고 서로 이어졌다.

대개 이것은 왜적이 난리를 일으켰을 때 본래 상국(上國: 명나라)이 그들의 조공(朝貢)을 받아주지 않아 우리나라에 길을 빌려 상국을 침범하려고 했기 때문이다. 당초에 적추(賊酋) 평수길(平秀吉: 풍신수길)이 그의 주군(主君)인 원씨(源氏: 아시카가 요시아키)가 쇠락함을 틈타 죽이고 자리를 빼앗아 스스로 관백(關白)이 되었는데, 자기의 강성함만 믿고 해마다 군사를 일으켜 여러 부족을 병탄하여 마침내 천하를 차지할 뜻을 품었다.

우리나라가 저들에게 비록 명목은 이웃 나라라고 할지라도 다만 그들의 사신이 오는 것과 관련하여 관소(館所)에서 기다릴 따름이고, 일찍이 통신사(通信使)를 파견하여 우호를 맺은 적이 없었다. 평수길이 관백으로 입신(立身)하기에 이르러 통신사 파견을 청하였는데 말투가 심히 어긋나고 거만하였으나, 우리나라는 부득이하게 이를 따르니 지난날 황윤길(黃允吉)·김성일(金誠一)이 간 것도 이 때문이었다. 그런데 지금 시점에 이르러 그의 장수들인 평의지(平義智: 소 요시토시)·평행장(平行長: 고니시 유키나가)·평조신(平調信: 다이라 시게노부)·현소(玄蘇: 景轍玄蘇, 게이테츠 겐소)·신장(信長) 등을 보내어 100여만 명의 군사를 거느리고 천만고에 있지 않았던 이와 같은 난리를 일으키도록 하여 장차 곧장 상국(上國: 명나라)을 짓밟고자 하였다. 우리 전하가 마침내 서천군(西川君) 정곤수(鄭崑壽) 등을 보내어 황제에게 아뢰고 구원을 청하도록 하였다.

上以本國人心已散, 兵力已竭, 勢不能收復, 遂奏聞皇朝, 請兵救援, 冠盖[224]相望[225]。盖是賊之搆亂, 本以上國, 不受其朝貢, 欲假道於我國, 以犯上國也。初賊酋平秀吉, 乘其主源氏[226]之衰, 簒弑[227]自立爲關白, 恃其强盛, 歲歲興兵, 並呑諸部, 遂有雄據天下之志。我國之於彼, 雖名爲鄰國, 特因其使之來, 舘待而已, 未嘗遣信使通好。及秀吉之起, 請遣信使, 辭甚悖慢, 我國不得已從之, 前日黃允吉·金誠一之往, 以是也。及是時, 遣其將平義智[228]·平行長[229]·平調信[230]·玄蘇[231]·信長[232]等, 領兵百餘萬, 搆

---

224 冠盖(관개): 높은 벼슬아치. 여기서는 중국과 조선을 왕래하는 사신을 일컫는다.

225 相望(상망): 서로 잇달아 왕래가 그치지 않음을 이르는 말.

226 源氏(원씨): 당나라 僖宗 乾符 3년인 876년에 일본의 清和天皇이 皇子 貞純에게 하사한 姓氏로, 室町幕府의 마지막 장군 足利義昭를 가리킴. 織田信長이라고도 한다.

227 簒弑(찬시): 임금을 죽이고 임금 자리를 빼앗음.

228 平義智(평의지): 소 요시토시. 일본 쓰시마 섬(對馬島) 島主. 1579년 형 소 요시쥰(宗義純)으로부터 도주 자리를 물려받았다. 그는 5,000명을 동원하여 고니시 유키나가(小西行長)의 1번대에 배속되었다. 전투뿐만 아니라 유키나가와 함께 일본측의 외교를 맡아서 강화를 모색하기도 하였다.

229 平行長(평행장): 小西行長. 고니시 유키나가. 고니시 유키나가는 오다 노부나가가 사망한 혼노지의 변란 이후로 히데요시를 섬기면서 아버지 류사와 함께 세토나이 해의 군수물자를 운반하는 총책임이 되었다. 1588년 히데요시의 신임을 얻어 히고노쿠니 우토 성의 영주가 되었으며 1592년 임진왜란 때는 그의 사위인 대마도주 소 요시토시와 함께 1만 8,000명의 병력을 이끌고 제1진으로 부산진성을 공격하였다. 조선의 정발 장군이 지키는 부산포 성을 함락하고 동래성을 함락시켰다. 이후 일본군의 선봉장이 되어 대동강까지 진격하였고 6월 15일에 평양성을 함락하였다. 그러나 1593년 명나라 장수 이여송이 이끄는 원군에게 패하여 평양성을 불 지르고 서울로 퇴각하였다. 전쟁이 점차 장기화 되고 명나라를 정복할 가능성이 희박해지자 조선의 이덕형과 명나라 심유경 등과 강화를 교섭하였으나 실패하였다. 1596년 강화교섭이 최종 실패로 끝나자 1597년 정유재란 때 다시 조선으로 쳐들어왔으며 남원성 전투에서 조선과 명나라 연합군을

此千萬古未有之亂， 將欲直擣上國。我殿下， 遂遣西川君鄭崑壽[233]等，奏請乞救。

격퇴하고 전주까지 무혈 입성하였으며 순천에 왜성을 쌓고 전라도 일대에 주둔하였다. 1598년 도요토미 히데요시가 사망하고 철군 명령이 내려지자 노량해전이 벌어지는 틈을 이용해서 일본으로 돌아갔다.

230 平調信(평조신): 다이라 시게노부. 柳川調信. 對馬島主 宗義智의 家臣. 豐臣秀吉 때부터 德川幕府 초까지 아들 柳川智永·손자 柳川調興 3대가 조선과 일본의 강화 회담 및 외교 사무를 담당하였다.

231 玄蘇(현소, 1537~1611): 景轍玄蘇. 게이테츠 겐소. 1592년 임진왜란 당시 고니시 유키나가(小西行長) 밑에서 종군했던 겐소(玄蘇)로 잘 알려져 있다. 임진왜란이 일어나자 소 요시토시와 함께 고니시 유키나가의 휘하에서 참모로 종군했다. 고니시가 평양성 앞까지 진격한 후 상황이 안 좋아져 진군을 멈추자 6월 9일에 조선에 강화를 요청했고, 이에 조선 조정에서 李德馨을 파견해 겐소는 다이라 히라노부와 함께 회담을 했지만 조선측이 명나라를 침범할 수 있도록 한다는 제안을 거절하자 협상은 결렬되었다. 1593년에 이여송이 이끄는 명나라군이 平壤城을 탈환하자 밤 중에 고니시 유키나가, 소 요시토시, 다이라 히라노부와 함께 얼음을 타고 대동강을 건너 철수했으며 이후에도 고니시 밑에서 명나라와의 강화 협상에 대해 논의하거나 통역하는 역할을 했다. 1595년에는 아예 명나라에 건너가 교섭을 했으며 1596년에 만력제에게서 本光國師라는 호를 받았다. 임진왜란이 끝나고 에도 막부가 들어선 이래 일본에선 지속적으로 조선과 화해를 시도했고, 1609년에 겐소가 조선에 사신으로 파견되어 조선과 교역할 수 있도록 하는 己酉約條를 받아냈다.

232 信長(신장): 《宣祖修正實錄》 1593년 3월 8일 3번째 기사와 鄭景雲의 《孤臺日錄》 1592년 8월 3일 기사 등에서 언급되고 있으나, 구체적인 인적 정보는 알 수 없음.

233 鄭崑壽(정곤수, 1538~1602): 본관은 清州, 초명은 逵, 자는 汝仁, 호는 栢谷·慶陰·朝隱. 곤수는 宣祖가 내린 이름이다. 1567년 진사시에 합격하였고, 1572년 성균관의 천거를 받아 의금부도사로 벼슬길에 들어섰다. 1576년 중시문과에 급제했고, 부사과를 거쳐 1577년에 공주목사로 승진했다가 곧 상주목사로 옮겼다. 이후 파주목사, 강원도 관찰사, 황해도 관찰사를 거쳐 1588년 첨지중추부사가 되고 西川君에 봉해졌다. 1591년 동지의금부사·대사성·한성부좌윤 등을 거쳐 1592년 병조참판이 되었다가 형조참판으로 옮겼다. 그때 임진왜란이

37. 임금 평양을 떠나 의주에 도착, 1593년 1월 8일 명나라 구원병 도착

한 달도 안 되어 왜적이 또 기도(箕都: 평양)에 가까이 다가오니 주상이 용만(龍灣)으로 옮기려 했는데, 주민들이 길을 막으며 머물기를 바랐지만 되지 않자 시종신(侍從臣)들을 구타하려는 자가 있기까지 하였다. 주상은 변고가 생길까 두려워 그 주모자의 머리를 베어 경계로 보인 다음에야 떠나갔다.

의주(義州)에 이르러 구원을 청하는 것이 더욱 급해지자, 명나라 황제가 조승훈(祖承訓)을 보내 와 평양의 왜적을 물리치도록 했으나 죽거나 다친 자가 상당하여 미처 완전한 승리를 거두지 못했으니, 이때가 임진년(1592) 8월이었다. 그 후로 주상이 다시 사신을 보내어 더욱 간절하게 사정을 아뢰니, 명나라 황제가 칙서(勅書)를 내려 행인사(行人司) 행인(行人) 설번(薛藩)을 보내어서 국왕 및 문무신민(文武臣民)에게 널리 알렸으며, 다시 동남쪽 연해(沿海)의 제진(諸鎭)에 신칙하고 아울러 유구(琉球)·섬라(暹羅: 태국) 등의 나라에 널리 알려서 군사 수십만 명을 모아 함께 일본을 쳐서 곧장 소굴을 소탕하게 하였다. 또 은(銀) 1만여 냥을 주어 군량을 조달하도록 하고,

---

일어나자 의주로 선조를 호종하였다. 대사간이 되어서는 명나라에 원병을 청하도록 건의했으며, 請兵陳奏使로 중국에 파견되었다. 1593년 원병을 얻어온 공로로 숭정대부에 오르고 판돈녕부사가 되었다. 이즈음 迎慰使·接伴使를 맡아 명나라 장수와의 교섭을 담당하였다. 1595년 도총관·예조판서, 1596년 좌찬성을 역임하고, 1597년 판의금부사·도총관 등을 겸하고 謝恩兼辨誣陳奏使로 명나라에 다녀왔다.

또 건초(乾草: 말먹이풀)와 양식 70여 만 석을 의주(義州)에 실어 보내면서 병부 시랑(兵部侍郎) 송응창(宋應昌)을 보내어 남병(南兵: 浙江人)의 포수(砲手)를 거느리게 하였고 요동 제독(遼東提督) 이여송(李如松)은 북병(北兵: 遼東人)의 기병(騎兵)과 궁수(弓手) 및 가정(家丁)과 달자(㺚子) 가운데 스스로 응모한 자들을 통솔하게 하였으니, 곧 계사년(1593) 정월 8일이었다.

未閱月, 賊又迫箕都, 上欲移龍灣, 而居民遮道, 願留不得, 至有欲敺諸從臣者。上恐其生變, 斬其爲首者, 徇之然後行。行及義州[234], 請救益急, 帝遣祖承訓[235], 來擊平壤之賊, 死傷相當, 未得全勝, 時壬辰八月也。其後, 上復遣使, 陳奏益懇, 皇帝降勑, 遣行人司[236]行人薛藩[237], 宣諭國王及文武臣民, 復勑東南邊海諸鎭, 並宣諭琉球[238]·暹羅[239]等國, 集兵數十萬, 同征日本, 直擣巢

---

234 義州(의주): 평안북도 북서부에 있는 고을. 동쪽은 삭주군·천마군, 남쪽은 피현군, 서쪽은 신의주시, 북쪽은 압록강을 국경으로 중국의 둥베이 지방[東北地方: 滿洲]과 대한다.

235 祖承訓(조승훈): 임진왜란 때 명에서 파견된 장군 가운데 하나. 파병 당시 직위는 總兵. 1592년 7월에 기마병 3천을 거느리고 평양을 공격하게 하였으나 이기지 못한 채 퇴각하여 요동으로 되돌아갔다. 그 뒤 12월에 다시 부총병 직위로 이여송 군대와 함께 다시 와서 평양성을 수복한다.

236 行人司(행인사): 명나라 황제의 聖旨를 전달하고 책봉 등의 조선에 대한 외교 업무를 담당하였던 중앙관청.

237 薛藩(설번): 1592년 임진왜란 때 지원군 파병을 알리는 명나라 칙서를 가지고 조선에 온 명나라의 관리.

238 琉球(유구): 현재 일본의 오키나와를 가리킴. 琉球라는 명칭이 기록에 처음 등장하는 것은 《明實錄》이 최초이다. 이후 유구는 아마미, 오키나와, 사카시마 지역을 총칭하는 명칭으로 정착되게 되었다.

穴。又賜銀萬餘兩，以助饋餉，又輸蒭糧七十餘萬石於義州。遣兵部侍郎宋應昌[240]，領南兵炮手，遼東提督李如松[241]，統北兵騎射及家丁㺚子自募者，乃於癸巳正月初八日。

38. 명나라 구원병 평양성 공격 수복

기도(箕都: 평양)로 진격하여 공략하면서 추악한 오랑캐들을 모조리 죽였다. 토굴 하나가 있었는데, 사방으로 매우 견고하여 깨뜨리

---

239 暹羅(섬라): 인도차이나 반도의 중앙부에 타이족에 의해 건립된 나라. 현재 태국의 古稱이며, 영문으로는 Siam이라고 한다.

240 宋應昌(송응창, 1536~1606): 명나라 장수. 임진왜란 당시 1592년 12월 명군의 지휘부, 경략군문 병부시랑으로 부하인 제독 李如松과 함께 43,000명의 명나라 2차 원군의 총사령관으로 참전하였다. 그리고 조선의 金景瑞와 함께 제4차 평양 전투에서 평양성을 탈환한다. 그러나 이여송이 벽제관 전투에서 대패하자 명나라 요동으로 이동, 형식상으로 지휘를 하였다. 이후 육군과 수군에게 전쟁 물자를 지원해 주었고 전쟁 후 병이 들어 70세의 나이로 병사하였다.

241 李如松(이여송, 1549~1598): 명나라 장수. 朝鮮 출신인 李英의 후손이며, 遼東總兵으로 遼東지역의 방위에 큰 공을 세운 李成梁(1526~1615)의 長子이다. 1592년 임진왜란 때 防海禦倭總兵官으로서 명나라 구원군 4만 3천 명을 이끌고 동생 李如柏과 왔다. 43000여의 明軍을 이끌고 압록강을 건넌 그는 休靜(1520~1604), 金應瑞(1564~1624) 등이 이끄는 조선의 僧軍, 官軍과 연합하여 1593년 1월 고니시 유키나가[小西行長]의 왜군을 기습해 평양성을 함락시켰다. 그리고 퇴각하는 왜군을 추격하며 평안도와 황해도, 개성 일대를 탈환했지만, 한성 부근의 碧蹄館에서 고바야카와 다카카게[小早川隆景], 다치바나 무네시게[立花宗茂] 등이 이끄는 왜군에 패하여 開城으로 퇴각하였다. 그리고 함경도에 있는 가토 기요마사[加藤清正]의 왜군이 평양성을 공격한다는 말이 떠돌자 평양성으로 물러났다. 그 뒤에는 전투에 적극적으로 나서지 않고 화의 교섭에만 주력하다가 그 해 말에 劉綎(1558~1619)의 부대만 남기고 명나라로 철군하였다.

고자 해도 되지 않았다. 마침 날이 저물자 우리나라 장수 이일(李鎰)에게 그 외곽을 포위하여 지키도록 하였지만, 지키는 자가 조금 게을리하는 바람에 남아있던 왜적들이 성에 줄을 매달고 밤중에 도망하였다. 천장(天將: 명나라 장수)이 노하여 이일을 베려다가 그를 결박해 행조(行朝: 행재소)에 보내자, 조정의 신하들이 모두 말하기를, "이일이 적을 놓치고 잡지 못하였으니 그 죄는 비록 죽어 마땅하지만, 우리나라에서 장수라 할 만한 자로 이일보다 뛰어날 사람이 없을 것이옵니다. 게다가 난리를 만난 이래로 그 충성과 노고 또한 많으니 풀어주고 그를 쓰는 것이 낫사옵니다."라고 하였다. 주상 또한 이를 윤허하니, 이일은 죽음을 면하였다.

이로부터 천병(天兵: 명나라 군대)이 승세를 타고 나아가, 송 시랑(宋侍郎: 송응창)은 설한령(雪寒嶺)에서 거침없이 몰아쳐 북도(北道)로 오고, 이 제독(李提督: 이여송)은 기도(箕都)에서 곧장 황해도(黃海道)로 나아가자, 왜적들이 모두 풍문만 듣고도 도망쳐 돌아갔다. 천병(天兵)이 송도(松都)에 이르자, 적들은 이미 성을 버리고 달아나 모두 한양(漢陽) 도성에 모여 있었다. 한양 도성의 왜적은 성을 점령한 지 이미 오래되었는데, 궁궐 및 왕자와 공경(公卿: 고관)의 집들을 모조리 철거하고 숙돌[碧石]로서 보루(堡壘)를 구축하여 여러 방면으로 요새를 만들었으며, 또 땅을 파서 함정을 만들고 왕사(王師: 명나라 군대)가 오기만을 기다리고 있었다.

進攻箕都拔之, 殺盡醜類。有一土窟, 四所甚牢固, 撞破不得。會日暮, 令我國將李鎰圍守其外, 守者小懈, 餘賊縋城夜遁。天將怒欲斬鎰, 縛送行朝, 朝臣皆言: "鎰縱賊失捕, 罪雖當死, 我邦可將者, 無出鎰之右。且自遭亂以來, 其忠勞亦多, 莫如釋而用之." 上亦允之, 得不死。自此, 天兵乘勝而進, 宋侍郎從雪寒嶺[242]長驅北道, 李提督自箕都直進黃海道, 賊衆皆望風奔還。行及松都, 則賊已棄城而遁, 皆會於漢都。漢都之賊, 據城已久, 盡撤宮闕及王子公卿第宅, 礱石以築營壘[243], 多般設險, 又陷地爲機穽, 以邀王師[244]之來。

39. 명나라 심유경의 강화 회담

한양 도성은 본래부터 산을 두르고 강을 띠고 있어 형세가 험준하니, 천병(天兵)이 그 험난함을 엿보고서 오랫동안 진군하지 않았다. 송 시랑(宋侍郎)과 이 제독(李提督)은 오랫동안 서로 떨어졌으니, 송 시랑은 군대를 용만(龍灣)으로 물리고 이 제독은 군대를 기도(箕都)에 주둔하였다. 주상이 여러 차례 배신(陪臣)을 보내어서 진군하기를 청하였고, 또 친히 시랑의 진영(陣營)에 찾아가서 구원해주기를 바랐으나, 천장(天將: 명나라 장수)이 끝내 이를 들어주지 않고 화의(和議)로써 오랑캐를 퇴각시키고자 하였다. 전하가 말하기를, "화(和)라는 한 글자는 예로부터 나라를 그르쳐서 은(殷)나라의 거울은 멀리하지 않아야 하고 복철(覆轍: 앞에서 엎어진 수레)을 마땅히 징계

242 雪寒嶺(설한령): 평안북도 강계군 용림면과 함경남도 장진군 서한면 사이에 있는 고개.

243 營壘(영루): 적을 막기 위하여 돌, 흙, 콘크리트 따위로 튼튼하게 쌓은 구축물.

244 王師(왕사): 천자의 군대. 황제의 군대.

해야 하거늘, 하물며 이 오랑캐는 원숭이와 같은 속임수가 난무하고 교활하기가 짝이 없어 신의(信義)로써 서로 화합할 수가 없으니, 청컨대 중국의 위엄을 빌려서 섬멸하여 한 척의 수레라도 돌아갈 수 없게 한 연후에야 백 년 동안 아무런 근심이 없게 할 수 있고 귀신과 사람들의 분함을 풀 수가 있을 것이오."라고 하였다. 천장(天將)이 끝내 이를 듣지 않고 곧바로 화의(和議)로써 주문(奏文)을 올려 황제에게 아뢰었다.

황제 또한 이를 허락하고, 곧 유격장(游擊將) 심유경(沈惟敬)을 보내어 오랑캐 진영(陣營)으로 들어가 강화(講和)를 의논하게 하였다. 심유경은 명나라 사람으로 일찍이 왜적의 수중에 떨어져 왜녀(倭女)에게 장가들어 아들 용건(勇健)이 태어났으니, 그것에 감복하였다. 임진년(1592) 가을에 조승훈(祖承訓)이 패하고서부터 심유경은 자청하여 동쪽으로 왔는데, 왜적이 기도(箕都)에 있을 때 여러 차례 그 왜적 진영(陣營)에 들어가서 이틀 동안이나 묵으며 서로 즐겁게 보낸 적이 있었다. 간혹 황제의 명으로 은(銀)·견(絹: 비단)·삼승포(三升布) 등의 물건을 보내기도 하여 왜적 또한 은냥(銀兩)을 황제에게 바치니, 왕래한 것이 자못 오래되었으나 사람들이 그의 소행을 알지 못하였다. 혹자가 말하기를, "오랑캐와 공모하여서 본국을 위태롭게 한다."라고 말했는데, 황제가 이를 듣고 진노하여 죽이려 하다가, 심유경이 공을 세워 속죄하겠다고 청하니 그를 용서하였다. 이때 이르러 다시 오랑캐 진영에 들어가 강화(講和)를 의논하였는데, 오랑캐 또한 기도(箕都)에서 패한 후로 중국의 위엄에 두려워하여 강화를 요청하여 화의(和議)가 마침내 결정되었다.

漢都本自襟山帶湖, 形勢險阻, 天兵覘見其難, 久不進兵。宋侍郎與李提督, 久相失, 宋則退師龍灣, 李則駐兵箕都。上屢遣陪臣以請, 又親詣侍郎營求救, 天將終不許, 欲以和議退虜。殿下以爲: "和之一字, 自古誤國, 殷鑑不遠[245], 覆轍[246]宜懲, 況此虜狙詐百出, 狡獪萬端, 未可以信義相和, 請藉天威殲滅, 使隻輪不返, 然後可保百年無虞而快神人之憤." 天將竟不從, 乃以和議奏聞于帝。帝亦許之, 乃遣游擊將沈惟敬[247], 入虜營議和。惟敬上

245 殷鑑不遠(은감불원): 殷나라의 거울은 먼 데 있지 않다는 뜻. 망국의 先例는 바로 前代에 있다는 말이다.

246 覆轍(복철): 먼저 간 수레가 엎어짐. 남의 실패에서 교훈을 얻는다는 말이다.

247 沈惟敬(심유경): 임진왜란이 발생했을 때 조선·일본·명 3국 사이에 강화회담을 맡아 진행하면서 농간을 부림으로써 결국 정유재란을 초래한 인물. 1592년 임진왜란이 발생했을 때 명나라의 병부상서 石星에 의해 遊擊將軍으로 발탁되어 遼陽副摠兵 祖承訓이 이끄는 援軍 부대와 함께 조선에 왔다. 1592년 8월 명나라 군이 평양에서 일본군에게 패하자, 일본장수 고니시 유키나가[小西行長]와 강화 회담을 교섭한 뒤 쌍방이 논의한 강화조항을 가지고 명나라로 갔다가 돌아오기로 약속했다. 그러던 중 1593년 1월 명나라 장수 李如松이 평양에서 일본군을 물리치자 화약은 파기되었다. 하지만 곧 이어 명군이 벽제관전투에서 일본군에게 패하게 되면서 명나라가 다시 강화 회담을 시도함에 따라 심유경은 일본진영에 파견되었다. 이후 그는 명과 일본 간의 강화 회담을 5년간이나 진행하게 되었다. 그는 고니시와 의견 절충 끝에 나고야[名護屋]에서 도요토미 히데요시[豊臣秀吉]를 만났는데, 도요토미는 명나라에 대해 명나라의 황녀를 일본의 후비로 보낼 것, 명이 일본과의 무역을 재개할 것, 조선 8도 중 4도를 할양할 것, 조선왕자 및 대신 12명을 인질로 삼게 할 것 등을 요구했다. 이에 심유경은 이러한 요구가 명나라에서 받아들여지지 않을 것으로 생각하고, 일본의 요구 조건을 거짓으로 보고했다. 즉 도요토미를 일본의 왕으로 책봉해 줄 것과, 명에 대한 朝貢을 허락해 줄 것을 일본이 요구했다고 본국에 보고했다. 명나라는 이를 허락한다는 칙서를 보냈으나 두 나라의 요구 조건이 상반되자 강화 회담은 결렬되었고, 결국 일본의 재침입으로 1597년 정유재란이 발생했다. 그의 거짓 보고는

國人, 曾陷倭中, 娶倭女, 生子勇健, 爲其所服。自壬辰秋[248], 祖承訓之敗, 惟敬自薦東來, 賊在箕都之日, 屢入其營, 信宿[249]相歡。或以帝命, 遺銀絹三升[250]等物, 賊亦以銀兩獻于帝, 往來頗久, 人莫知其所爲。或以爲: "與虜同謀, 以危本國." 皇帝聞之, 震怒欲誅, 惟敬請立功自效[251], 赦之。至是, 復入虜營議和, 虜亦自箕都之敗, 怛於天威, 乞和, 和議乃決。

40. 임해군과 순화군 왜적에게 포로가 됨

오랑캐는 4월 27일에 한강(漢江)을 건넜고 두 왕자 및 심유경이 스스로 뒤를 따랐다. 당초에 임해군·순화군 두 왕자가 난리 초에 도망쳐 피난하던 즈음, 주상이 김귀영(金貴榮)·황정욱(黃廷彧) 및 정욱의 아들 황혁(黃赫) 등에게 두 왕자 및 빈씨(嬪氏)와 종자(從者)

정유재란으로 사실이 탄로되었으나 石星의 도움으로 화를 입지 않고 다시 조선에 들어와 화의를 교섭하다가 실패하였다. 이에 심유경은 일본에 항복할 목적으로 경상도 宜寧까지 갔으나 명나라 장수 楊元에게 체포되어 사형당하였다.

248 自壬辰秋(자임진추): 1592년 7월 명나라에서 파견한 祖承訓이 왜군에게 패하자, 石星은 일본의 허실을 정탐하여 대책을 세우자는 심유경을 조선에 파견하였고, 심유경은 8월 30일 小西行長과 회담을 벌여 강화를 약속하고 50일간 휴전키로 합의한 일련의 사건을 일컫는 듯. 명나라로 돌아간 심유경은 일본이 단지 조공과 冊封만을 바란다는 거짓보고를 한 것은 주지의 사실이다.

249 信宿(신숙): 이틀 동안 묵음.

250 三升(삼승): 三升布. 석새삼베. 240올의 날실로 짠 베라는 뜻. 성글고 굵은 베를 이르는 말이다.

251 立功自效(입공자효): 무슨 실수나 과오 같은 것이 있는 사람을, 어떤 일이 있는 기회를 계기로 삼아 공을 세우는 데 스스로 노력하도록 하는 것.

를 모시고 함경도(咸鏡道)로 피난하도록 하였다. 왜적들이 뒤를 추적해 오자, 경성(鏡城)의 군민(軍民)과 국역 장정(國役壯丁) 등이 두 왕자 및 시종신(侍從臣)들을 포박하여 적에게 팔아넘겼다. 이로 말미암아 왕자 및 빈씨와 종자들이 모두 적의 수중에 떨어졌다. 그 후로 김귀영은 몰래 본국으로 돌아왔지만, 왕자 및 빈씨와 종자들은 여전히 갇히어 있었다. 이때 이르러 화의가 비록 결정되었어도 오히려 돌려보내 주지도 않고, 군중(軍中)의 인질(人質)로 삼아 가버렸다.

왜적들이 이미 한강(漢江)을 건너고 나서야 천장(天將)이 비로소 한양 도성으로 입성하였는데, 우리나라 장수 권율(權慄)·고언백(高彦伯) 등이 그 인질들을 되돌아올 수 있게 하도록 추격하고자 한다는 뜻으로 천장(天將) 이여송(李如松)에게 청하니, 이여송이 그의 아우 이여백(李如栢: 李如柏의 오기)에게 군사들을 거느리고 한강을 건너게 하였다. 미처 진(陣)을 치기도 전에 이여백이 병을 핑계대고 방향을 돌려 한강을 건너니, 권율 등이 추격하기를 더욱 힘껏 청하였다. 천장(天將)이 말하기를, "너희 나라 두 왕자와 우리나라 장수 한 사람이 아직 적의 수중에 있는데, 비록 추격하고자 하여도 장차 그들을 어디에다 둘 것 같은가?"라고 하면서 마침내 화를 내며 권율 등을 가두었지만, 사람들이 아무도 감히 말하지 못하였다.

虜於四月二十七日渡漢江, 以二王子及沈惟敬, 自隨。初臨海·順和二君, 在亂初奔避之際, 上令金貴榮[252]·黃廷彧[253]及廷彧之

---

252 金貴榮(김귀영, 1520~1593): 본관은 尙州, 자는 顯卿, 호는 東園. 1555년 을묘

子赫[254]等, 陪二王子及嬪從, 避兵于咸鏡道。賊兵追及於後, 鏡

왜변이 일어나자 이조좌랑으로 도순찰사 李浚慶의 종사관이 되어 光州에 파견되었다가 돌아와 이조정랑이 되었다. 1556년 議政府檢詳, 1558년 弘文館典翰 등을 거쳐, 그 뒤 漢城府右尹·춘천부사를 지냈고, 대사간·대사헌·부제학 등을 번갈아 역임하였다. 선조 즉위 후 도승지·예조판서를 역임하고, 병조판서로서 지춘추관사를 겸하였으며, 1581년 우의정에 올랐고, 1583년 좌의정이 되었다가 곧 물러나 知中樞府事가 되었다. 1589년에 平難功臣에 녹훈되고 上洛府院君에 봉해진 뒤 耆老所에 들어갔으나, 趙憲의 탄핵으로 사직했다. 1592년 임진왜란이 일어나 천도 논의가 있자, 이에 반대하면서 서울을 지켜 명나라의 원조를 기다리자고 주장하였다. 결국 천도가 결정되자 尹卓然과 함께 臨海君을 모시고 함경도로 피난했다가, 회령에서 鞠景仁의 반란으로 임해군·順和君과 함께 왜장 加藤清正의 포로가 되었다. 이에 임해군을 보호하지 못한 책임으로 관직을 삭탈당했다. 이어 다시 加藤清正의 강요에 의해 강화를 요구하는 글을 받기 위해 풀려나 行在所에 갔다가, 사헌부·사간원의 탄핵으로 推鞫당해 회천으로 유배가던 중 중도에서 죽었다.

253 黃廷彧(황정욱, 1532~1607): 본관은 長水, 자는 景文, 호는 芝川. 1592년 임진왜란이 일어나자 號召使가 되어 왕자 順和君을 陪從, 강원도에서 의병을 모으는 격문을 8도에 돌렸고, 왜군의 진격으로 會寧에 들어갔다가 모반자 鞠景仁에 의해 임해군·순화군 두 왕자와 함께 安邊 토굴에 감금되었다. 이때 왜장 加藤清正으로부터 선조에게 항복 권유의 상소문을 쓰라고 강요받고 이를 거부하였으나, 왕자를 죽인다는 위협에 아들 赫이 대필하였다. 이에 그는 항복을 권유하는 내용이 거짓임을 밝히는 또 한 장의 글을 썼으나, 體察使의 농간으로 아들의 글만이 보내져 뜻을 이루지 못하고 이듬해 부산에서 풀려나온 뒤 앞서의 항복 권유문 때문에 東人들의 탄핵을 받고 吉州에 유배되고, 1597년 석방되었으나 復官되지 못한 채 죽었다.

254 黃赫(황혁, 1551~1612): 본관은 長水, 자는 晦之, 호는 獨石. 순화군의 장인이다. 임진왜란이 일어나자 護軍에 기용되어 부친 黃廷彧과 함께 사위인 順和君을 따라 강원도를 거쳐 會寧에 이르러, 모반자 鞠景仁에게 잡혀 왜군에게 인질로 넘겨졌다. 安邊의 토굴에 감금 중 적장 加藤清正으로부터 선조에게 항복 권유문을 올리라는 강요에 못 이겨 부친을 대신하여 썼다. 이를 안 황정욱이 본의가 아니며 내용이 거짓임을 밝힌 별도의 글을 올렸으나 체찰사가 가로채 전달되지 않았다. 1593년 부산에서 왕자들과 함께 송환된 후 앞서의 항복 권유문으로

城[255]軍民國丁等, 縛二王子及諸從臣, 以賣於賊。由是, 王子嬪從, 皆陷于兵。其後, 金貴榮潛還本國, 王子嬪從, 猶被拘留。至是, 和議雖定, 猶不遣還, 質軍中以行。賊旣渡江, 天將始入漢都, 我國將權慄·高彦伯[256]等, 欲因其還追擊之, 請於天將李如松, 如松令其弟如栢[257]欒軍渡江。未及成陣, 如栢托病還渡, 權慄等請之益力。天將以爲: "汝國二王子及天將一人, 尙在賊中, 雖欲追擊, 將置此何地耶?" 遂怒囚權慄等, 人莫敢言。

41. 화의에 따른 왜적의 퇴각

이때부터 왜적들이 피리를 불고 북을 치며 군대를 돌리니, 경기도와 충청도에 주둔했던 왜적들은 한꺼번에 자리를 걷듯 조령(鳥嶺)

東人에 의해 탄핵, 理山에 유배되었다가 다시 信川에 이배되었다.

255 鏡城(경성): 함경북도 중앙부 동해안에 있는 고을. 북쪽은 청진시 나남구역·무산군, 서쪽은 연사군, 남쪽은 어랑군과 접하고, 동쪽은 경성만에 면한다.

256 高彦伯(고언백, ?~1609): 본관은 濟州, 자는 國弼. 임진왜란이 일어나자 寧遠郡守로서 대동강 등지에서 적을 방어하다가 패하였으나, 그해 7월 양주목사에 제수되었다. 그리하여 9월 왜병을 산간으로 유인하여 62명의 목을 베는 승리를 거두었고, 이어 1593년 양주에서 왜병 42명을 참살하였다. 利川에서 적군을 격파하고 京畿道防禦使가 되어 내원한 명나라 군사를 도와 서울 탈환에 공을 세웠고, 이어 경상좌도 병마절도사로 승진하여 양주·울산 등지에서 전공을 세웠다. 1597년 정유재란 때 다시 경기도방어사가 되어 참전하였다. 1609년 광해군이 임해군을 제거할 때 함께 살해되었다.

257 如栢(여백): 李如柏(1553~1620)의 오기. 임진왜란 당시 명나라 군의 副摠兵. 李成梁의 아들이자 이여송의 동생이다. 벽제관 전투에서 크게 활약하였으나, 1619년 사르후 전투에서 누르하치가 이끄는 후금에 대패하여 자결하였다.

을 넘었으며, 문경(聞慶)·함창(咸昌)의 왜적들 또한 모두 진영을 버리고 떠나서 전부 상주(尙州)에 모여들었다. 천병(天兵: 명나라 군대) 선봉(先鋒)인 총병(總兵) 사대수(查大受)가 병사를 거느리고 문경의 마포원(馬浦院)으로 와 진(陣)을 치고서 왜적의 형세를 탐문하고 정찰하였다. 상주의 왜적 중에 간혹 자기 진영(陣營)으로부터 도망쳐 투항해 온 자가 있어서, 사 총병(查總兵: 사대수)이 즉시 대장(大將: 왜적 대장인 듯)이 있는 곳에 압송하도록 하였는데, 그때 이 제독(李提督: 이여송)은 충주(忠州)에 있었고 송 시랑(宋侍郎: 송응창)은 기도(箕都)에 있었으니, 아침저녁으로 큰소리를 치며 대장을 거느리고 장차 고개를 넘으려 하였다. 본도(本道: 경상도) 군량 수운관(軍糧輸運官)은 연로에서 그들이 오기를 기다렸다.

自是, 賊笳鼓還軍, 京畿·忠淸留賊, 一時席捲, 踰鳥嶺, 聞慶·咸昌之賊, 亦皆棄營而去, 皆聚於尙州。天兵先鋒查總兵大受[258], 領兵來陣聞慶馬浦院[259], 探候賊勢。尙州之賊, 或自其陣逃來投降者, 查總兵卽令押送于大將所在處, 時李提督在忠州, 宋侍郎在箕都, 聲言朝暮, 領大將, 將踰嶺。本道軍糧輸運, 沿路以俟

258 查總兵大受(사총병대수): 總兵 查大受. 명나라 장수. 1592년 임진왜란 당시 李如松을 따라 先鋒副總兵으로 임명되어 조선에 파견되었다. 平壤城 전투에 참여했고, 선봉대를 지휘하면서 정탐 관련 임무를 수행하는 등의 많은 전공을 세웠다. 명군의 장수 중에서 駱尙志·李芳春과 함께 뛰어난 무예와 용맹으로 유명했다. 이들은 모두 遼東지역 출신으로 원래 李成樑의 家人이었다. 따라서 이여송의 측근으로 활동했다.

259 馬浦院(마포원): 경상북도 문경시 문경읍 마원리에 있던 지명. 馬院里는 街村으로 표시되기도 하였다.

其來。

42. 퇴각하는 왜적의 약탈을 막다가 부상당한 명나라 장수 구호함

이때 왜적들이 비록 강화(講話)하자고 하였으나 오히려 제 마음대로 불 지르고 약탈하니, 천장(天將) 송 천총(宋千摠: 宋好漢인 듯)이 은령(銀嶺)에 복병을 설치하였으나 갑자기 적들과 마주치고서 중상을 입고 고꾸라졌다. 함창(咸昌) 의병장 이봉(李逢)이 역사(力士)를 보내어 자기 진영으로 업고 오게 하여서 중상입은 곳을 치료하여 구했다고 하였다. 때마침 내가 본군(本郡: 영주군) 지응감관(支應監官)으로서 고을 수령 이한(李澣)을 따라갔다가 직접 그 사실을 보았으니, 5월 7일이었다.

時倭賊雖云講和, 猶肆焚劫, 天將宋千摠[260], 設伏銀嶺[261], 猝遇賊至, 致傷顚仆。咸昌義兵將李逢, 遣力士負來其陣, 救療瘡處云。時余以本郡支應[262]監官, 隨主倅李澣而往, 親覩其事實, 五月初七日也。

---

260 宋千摠(송천총): 趙靖·趙翊 형제의 임진왜란 관련 일기를 보면, 宋好漢인 듯.

261 銀嶺(은령): 경상북도 문경시 마성면 신현리의 석현성 진남문에서 鳥井山과 穎江으로 이어지는 산 경사면에 설치된 遷道인 兎棧에서 서쪽으로 돌아 들어가면 있는 고개. 영남대로 옛길 중 가장 험난한 길로 알려져 있다.

262 支應(지응): 벼슬아치가 공무로 출장 갔을 때 그 소용되는 물품을 그곳에서 대어 주는 것.

43. 명나라 군사에게 제공된 음식 및 물자 열악함

당졸(唐卒: 명나라 군졸)은 모두 양털모자를 쓰고 있었는데, 간혹 우리의 전립(戰笠: 벙거지)을 빼앗아 모자 받침을 없애서 쓰기도 하였고, 털을 넣은 전립(戰笠)으로 쓰기도 하였다. 군량은 매일 2되 반을 지급하였는데, 비록 장사(將士)에게라도 밥을 차려 주지 못하였고 다만 생쌀을 주고 반찬 또한 날것을 주었다. 그 부하들은 받아서 진설하였으나 또한 밥상이 되지 못하고 그 가짓수도 잡다하게 나열되었다. 다만 밥은 중발(中鉢)에 담고 간혹 보시기에 반찬을 담아 올리더라도 한두 가지에 불과하였다. 밥상이 놓여 음식을 내주면, 장사와 병졸들이 서로 뒤섞여 앉아서 먹었는데, 먹을 때도 숟가락을 사용하지 않고 단지 젓가락으로 집어서 먹었으며, 또한 기름진 음식을 좋아하여 반찬의 가짓수마다 늘 대부분 기름에 섞어서 먹었다. 오래지 않아서 나는 어머니의 병환 때문에 집으로 돌아왔다.

그 며칠 뒤 총병(總兵) 유정(劉綎)이 병사를 거느리고 고개를 넘었는데, 보졸(步卒)이 군수물자와 식량을 모두 스스로 지팡이 끝에 매달고서 거의 한 짐바리나 되는 무게를 메고 있었다. 또 사나운 개 1천여 마리를 몰아서 군대의 위용을 도왔는데, 개 또한 잘 길들어져 행군의 대오를 벗어나지 않고 사람의 지시를 따라서 반드시 진용(陣容)을 이루어 적을 추격하여 포위하거나 물어 죽였다고 하였다. 군사들이 멈추지 않고 갔는데, 지나가는 곳마다 또한 민가를 추호도 범하지 않았다. 이로부터 상주(尙州)의 왜적 또한 철수해 돌아가자, 총병 유정이 들어가서 차지하였다. 14일 이 제독(李提督: 이여송) 또한 병사를 거느리고 문경(聞慶)에 도착했는데, 정예병을 뽑아 보내어 적의 형세를 탐문하고 정찰하게 할 뿐, 오래지 않아 곧 한양 도성으로 되돌아갔다. 도내(道內: 경상도)에는 단지 유 총병(劉總兵: 유정) 및 사 총병(査總兵: 사대수)만이 남아있었다.

唐卒皆着羊毛帽子, 或有奪我軍笠, 去其臺而着, 或有着毛笠者。軍糧日給二升半, 雖於將士, 不爲具食, 秖以生米給之, 饌物亦以生物與焉。爲其下者, 受而供具, 亦不爲盤案, 雜陳品數。但以食盛于中鉢, 或甫兒[263]奉進饌, 亦不過一二品。置盤中投進, 將卒相與雜坐而食, 食亦不用匙, 但以筯餂食之, 且喜食油, 饌物每品, 每多和油而食。未久, 余以母病還家。其後數日, 劉摠兵綎[264], 領兵踰嶺, 步卒貲糧, 皆自繫杖端, 而荷重幾一馱。又驅猛犬千餘, 以助軍容, 犬亦馴擾, 不失行伍, 隨人指嗾[265]必成陣, 追圍噬殺云。軍不留行, 所過亦無秋毫之犯。自是, 尙州之賊, 亦撤歸, 劉摠兵入據之。十四日, 李提督亦領兵, 來到聞慶。抄送精兵, 探候賊勢而已, 未久卽還漢都。道內秖留劉摠兵及查摠兵。

---

263 甫兒(보아): 보시기. 김치나 깍두기 따위를 담는 반찬 그릇의 하나.

264 劉摠兵綎(유총병정): 摠兵 劉綎(1558~1619). 1592년 임진왜란이 일어나자 이듬해 원병 5천을 이끌고 참전하였다. 1597년 정유재란 때 남원에서 졌다는 소식이 전해지자, 배편으로 강화도를 거쳐 입국하였다. 전세를 확인한 뒤 돌아갔다가, 이듬해 提督漢土官兵禦倭總兵官이 되어 대군을 이끌고 와서 도와주었다. 曳橋에서 왜군에게 패전, 왜군이 철병한 뒤 귀국하였다.

265 指嗾(지주): 달래고 꾀어서 부추김. 지시함.

44. 왜적들 완전히 퇴각하지 않은 채 분탕질해도 방관, 진주성 함락

이로부터 왜적들이 모두 바닷가로 내려갔으나 오히려 자리를 걷듯 바다를 건너지 않고 하도(下道: 경상남도)에 가득 찼는데, 때로 나와서 분탕질해도 천병(天兵: 명나라 군대)이 이미 그들과 강화(講話)하였으므로 적들이 하는 대로 내버려 두었다. 본국(本國: 우리나라)의 병력은 쇠잔해서 감히 손댈 수가 없었으니, 왜적들이 날마다 제멋대로 분탕질하면서 자기의 군대를 과장되게 떠들어대었는데 지난겨울에 진주(晉州)에서 많이 죽었기 때문에 반드시 진주를 함락시킨 뒤에야 그만둘 것이라 하였다. 이때 심유경(沈惟敬)이 적진 속에 있었는데, 우리나라가 그것을 알게 되어 곧바로 우도(右道: 경상우도)의 장사(將士) 및 전라도·충청도의 병마(兵馬)를 모아 모두 진주(晉州)에서 모여 굳건히 지킬 계획을 세우니, 병졸이 3만여 명이요, 장관(將官) 또한 20여 명이었다. 왜적 장수 청정(淸正: 加籐淸正)이란 자가 성을 포위하고 에워싼 채로 공격하면서 밤낮을 쉬지 않으니, 우리 군대가 지치고 병들어 능히 당해내지 못하였다. 천병(天兵: 명나라 군대)은 보고 앉아서 구원하지 않았고 외부의 지원도 이르지 않았으니, 예닐곱 날을 고전하다가 성이 함락되고 말았다. 장수와 사졸로 죽은 자가 20여 명이었지만, 관군과 의병 및 거주민과 피란 남녀로서 죽은 자는 이루 셀 수가 없었는데, 양장(良將: 훌륭한 장수)과 건졸(健卒: 건장한 병졸)이 거의 이곳에서 죽었으니, 그 참혹함은 차마 말할 수 없었다. 왜적이 마침내 그 성곽을 평정하고 승세를 타서 전라도(全羅道)의 구례(求禮) 땅으로 쳐들어가니, 당장(唐將: 명나라 장수) 낙상지(駱尙志) 등이 남원(南原)에 진(陣)을 치고 기다리다가 도중에서 맞받아쳐 달아나게 하였다.

自是, 倭賊盡下海徼, 而猶不席捲渡海, 彌滿下道, 時出焚劫, 天兵旣與之講和, 任賊之爲。本國兵殘, 莫敢下手, 賊日肆焚蕩, 聲言其軍, 前冬多死晉州, 必陷晉州而後已。時沈惟敬, 在賊中, 我國得以知之, 乃聚右道將士及全羅·忠淸兵馬, 皆會晉州, 爲固守計, 兵卒三萬餘, 將官亦二十餘。賊將淸正者圍城, 環而攻之, 晝夜不息, 我師疲病不能當。天兵坐視不救, 外援不至, 苦戰六七日而城陷。將士死者二十餘, 軍兵及居民避亂士女死者不可勝計, 良將健卒殆盡於是, 慘不忍言。賊遂夷其城郭, 乘勝入全羅道求禮[266]地, 唐將駱尙志[267]等, 陣南原[268], 邀擊走之。

45. 유정의 팔거 주둔에 따른 물자 보급 위한 가혹한 징수

그 후로 유 총병(劉總兵: 유정)이 팔거(八莒)에 진을 쳤는데, 팔거는 곧 성주(星州)의 속현(屬縣)으로 경상좌도와 경상우도의 요충지

266 求禮(구례): 전라남도 북동부에 있는 고을. 동쪽은 경상남도 하동군, 서쪽은 곡성군, 남쪽은 순천시와 광양시, 북쪽은 전라북도 남원시와 접한다.

267 駱尙志(낙상지): 1592년 12월 左參將으로 보병 3천 명을 이끌고 참전한 명나라 장수. 힘이 월등하여 1천 근의 무게를 들었으므로 駱千斤으로 불렸다. 평양 전투에서 앞장서 성벽에 올라 승리에 큰 기여를 하였다.

268 南原(남원): 전라북도 남동부에 있는 고을. 동쪽은 경남 함양군·하동군, 서쪽은 임실군·순창군, 북쪽은 장수군, 남쪽은 전남 구례군·곡성군과 접한다.

(要衝地)여서 대규모의 군진(軍陣)이 되었다. 이에 진영(陣營)과 보루(堡壘)를 크게 설치하니 지구전을 하기 위한 계책이었다. 무릇 진영을 조성하는 일은 모두 당장(唐匠: 명나라 匠人)이 하도록 하고, 그 밖의 사졸(士卒)은 진(陣)을 친 곳에 머물러 있게 하였다. 우리나라 사람에게 조성하는 일을 하게 한 까닭에 군민(郡民)과 읍민(邑民)의 전결(田結)을 파악하고 장정(壯丁)을 차출하여 가서 부역(賦役)하고, 민간에서는 쌀과 피륙을 내어서 대신 장정을 고용하여 보냈다. 그 밖에 당장(唐將: 명나라 장수) 접대하는 일, 군량을 운송할 수 있도록 갖추는 일은 백성들에게 책임을 지웠다. 난리를 만난 이후로 농사짓는 일을 일체 폐한데다 계사년(1593) 가을에 거듭 흉년이 들었기 때문에 농부들은 밭을 갈아 수확하지 못하여 재물과 곡식이 죄다 떨어졌는데도 세금을 거두어들이는데 혹독하며 사정없어서 책임지워 차출하는 것이 끝이 없었으니, 떠돌아다니다가 죽은 자가 10명 중에 8, 9명이나 되어 고을이나 마을들이 모두 적막하고 무성한 풀밭이 되었다.

其後, 劉摠兵陣八莒[269], 八莒卽星州[270]屬縣, 爲左右道要害之地, 爲大陣。於是, 大築營壘, 爲持久之計。凡其營造之事, 皆令唐匠爲之, 其他士卒留陣之所。令我國人爲之, 故郡邑計民田結[271], 出

---

269 八莒(팔거): 대구광역시 북구 칠곡동 일원에 있었던 옛 지명.

270 星州(성주): 경상북도 남서쪽에 있는 고을. 동쪽은 낙동강을 경계로 대구광역시와 칠곡군, 서쪽은 김천시와 경상남도 합천군, 남쪽은 고령군, 북쪽은 김천시와 접한다.

271 田結(전결): 논밭에 대하여 매기는 세금을 이르던 말.

丁往役[272], 民間爲出米布, 雇代丁夫以送。其他唐將支供[273]之事, 軍糧輸運之備, 皆責於民。自遭亂以來, 專廢穡事, 癸巳之秋, 重以凶荒, 農不耕收, 財粟殫亡, 賦斂酷急, 責出[274]無藝[275], 流離死亡, 十居八九, 邑里蕭然, 鞠爲茂草[276]矣。

46. 임금 한양 도성으로 돌아옴

9월 이후에야 주상이 비로소 한양 도성에 돌아왔는데, 한양 도성이 오래도록 적의 소굴이 되어 궁궐과 민가가 열 채에 두세 채도 없었다. 주상이 이에 정릉동(貞陵洞)에 대충 완비된 폐궁(廢宮)을 선택하여 지냈는데, 사방으로 수백 보(步)쯤에 담을 둘러치고서 그 안에 있는 민가들을 여러 관서(官署)로 삼고 경운궁(慶運宮: 덕수궁의 옛 이름)이라 이름하였다. 피난 갔던 백성들이 간혹 돌아와서 모이는 자들도 있었으나 생계를 꾸려 갈 밑천이 없었고 묘당(廟堂) 또한 그들을 구제하는 데에 대책이 없었으니, 죽는 자가 잇따라 시체를 쌓아놓은 것이 도랑과 길에 가득하였다고 하였다.

---

272 往役(왕역): 일상 업무 이외에 딴 일에 차출되는 일.

273 支供(지공): 음식 따위를 대접하여 받듦.

274 責出(책출): 돈이나 물건을 내어놓으라고 다그침.

275 無藝(무예): 끝이 없음. 한정이 없음.

276 鞠爲茂草(국위무초): 《詩經》〈小弁〉의 "평탄한 큰길이여, 막혀서 무성한 풀밭이 되리로다. 내 마음의 근심이여, 서글픔에 방아질 하는 듯하노라.(踧踧周道, 鞠爲茂草. 我心憂傷, 惄焉如擣.)"에서 나오는 말.

九月以後, 主上始還漢都, 漢都久爲賊窟, 宮闕·民家, 十無二三。主上, 乃於貞陵洞, 擇粗完廢宮御之, 環四方數百步而垣之, 以其內所在民家爲百司[277], 名之曰慶運宮[278]。避亂之民, 間有還集者, 而無生生之資, 廟堂亦無策救荒, 死亡相繼, 積屍滿於溝路云。

47. 1594년 세자 전주에서 과거시험 시행

갑오년(1594) 정월에 당병(唐兵: 명나라 군대)의 여러 진영(陣營)이 모두 철수했지만, 오직 유 총병(劉總兵: 유정)만은 그대로 팔거(八莒)에 머물러 있었다. 세자(世子: 광해군)가 호남(湖南)의 전주(全州)에 와서 머물며 정시(廷試)의 전례에 따라 선비를 뽑았으니 윤오(尹晤: 尹咭) 등 9명을 선발하였으며, 무사(武士)는 각도(各道)에 활쏘기 시험을 치르도록 명하여 인원수를 제한 두지 말고서 화살 하나 이상 적중한 자를 모두 미리 선발하라고 하였다. 경상도(慶尙道)에서는 시험 장소를 영천군(永川郡)으로 정하여 취재(取才: 선발 시험)에 관한 장계(狀啓)를 올렸다. 조정에서 각 도(各道)의 방목(榜目: 선발자 명부)에 들고 과거 급제하면 홍패(紅牌: 최종 합격증서)를 써서 각 도의 출신인(出身人)이 거주하는 관아에 보냈으니, 지금 영천 출신(永川出身)이라고 일컫는 것은 이 때문이다. 전란을 만난 이래로 여러 차례 무과(武科)를 실시하였지만, 행재소(行在所)가 용만(龍灣)에 머

---

277 百司(백사): 많은 官署.

278 慶運宮(경운궁): 조선시대 貞陵洞 행궁의 다른 이름. 지금의 德壽宮을 가리킨다.

물러서 단지 문과 8명만 선발하였다가 이때 미쳐서 문과와 무과를 아울러 선발하였다.

甲午正月, 唐兵諸陣皆撤, 惟劉揚兵因留八莒。世子來御湖南全州, 依廷試例取士, 得尹晤[279]等九人, 武士則令各道試射, 不限額數[280], 中一矢以上者, 皆得預選。慶尙道, 則試所定永川郡, 取才[281]狀啓。朝廷因各道榜合而科第[282], 書紅牌[283], 順付各道出身[284]人所居官[285], 至今稱爲永川出身者是也。自遭亂以來, 屢擧武科, 行在駐龍灣, 秪取文科八人, 及是時, 並取文武科。

48. 오랜 전란에 따른 기근 면하려 인육 먹고 골육 잡아먹음

이때 국가가 적의 침략을 받은 지 오래된 데다 기근과 왜적의 분탕질까지 더해져 떠돌아다니는 백성들이 모두 겨우 남아있는 온전한 고을에 모여들었다. 온전한 고을의 백성들 또한 모두 세금 징수

279 尹晤(윤오, 1564~1615): 본관은 南原. 異名으로 尹晧. 1594년 별시에서 장원급제하였고, 좌승지를 역임했다.

280 額數(액수): 인원수.

281 取才(취재): 조선 시대에 과거와는 별도로 특수직임을 담당할 하급 관원을 선발하기 위해 실시한 시험.

282 科第(과제): 과거에 합격함.

283 紅牌(홍패): 조선 시대에 과거를 치른 최종 합격자에게 내어주던 증서.

284 出身(출신): 조선 시대에 과거의 무과에 급제하고 아직 벼슬에 나서지 못한 사람.

285 所居官(소거관): 거주하는 곳의 관아.

의 혹독함에 지쳐서 파산하는 사람들이 서로 잇달았으며, 굶어 죽은 자의 시체가 길에 가득하였고 해골이 서로 쌓여 들판에 널려 있었다. 부모와 처자식들이 서로 보호하며 유지할 수 없었으니, 인육(人肉)을 양식으로 삼아 먹는 지경에 이르렀고, 심한 자는 스스로 자기의 골육(骨肉: 혈육)을 잡아먹는 지경에 이르렀다. 곡식의 가격이 급등하자, 호목(好木: 좋은 베) 1필로 겨우 벼 2말을 바꾸었으나 2월 이후부터는 혹 1말을 바꾸기도 하였다. 굶주린 백성들은 오로지 풀 열매와 나무껍질로 목숨을 이어갔는데, 장정(壯丁)들이 일어나 도적이 되어서 분탕질하는 짓이 왜적과 같았으니 백성들이 굶주림에 죽지 않은 자는 반드시 도적에게 죽었다. 경조관(京朝官: 중앙관리)이 녹봉을 받지 못하고 단지 산료(散料: 월급)만을 바라던 자 또한 100명이 채 못 되었으나 때로는 양식이 떨어지기도 하였으며, 지위가 높아 금관자(金貫子)와 옥관자(玉貫子)를 쓰는 자 또한 굶주린 기색이 있었다. 도성 안에서 굶어 죽은 자의 시체를 성 밖에 내버리니 성과 더불어 나란해지는 지경에 이르러 사람들이 그 시체를 밟으면서 출입한다고 하였다.

時國家受敵[286]已久, 加之以飢饉焚蕩, 流離之民, 皆聚於僅存之完邑[287]。完邑之民, 亦皆疲於徵斂[288]之酷, 相繼破産, 餓莩[289]

---

286 受敵(수적): 적의 공격을 받음.
287 完邑(완읍): 비교적 번화한 마을을 이르던 말.
288 徵斂(징렴): 세금을 거두어들임.
289 餓莩(아표): 굶주려 죽은 자의 시체.

滿路, 枕骸[290]遍野。父母妻子, 不相保持, 至有食人肉爲糧, 甚者至於自食其骨肉[291]。穀價翔貴[292], 好木一疋, 僅易二斗租, 自二月以後, 或一斗。飢民專以草實木皮爲命, 丁壯起爲盜賊, 焚劫有同倭賊, 民之不死於飢饉者, 必死於盜賊。京朝官, 不得俸祿, 秪仰散料[293]者, 亦不滿百, 而時或絶糧, 位崇金玉[294]者, 亦有飢色。城中飢莩, 棄諸外, 至與城齊, 人可踐而出入云。

49. 김덕령 익호장군, 충용장군 칭호 받았으나 끝내 원사함

정시(廷試: 최종시험인 殿試)에서 문과(文科)와 무과(武科)를 보여 인재를 뽑았는데, 문과에서는 박동열(朴東說) 등 13명을 선발하였다.

이때 김덕령(金德齡)은 전라도(全羅道)에서 일어나, 날래고 용맹스러움이 남보다 뛰어났고 나는 듯이 왔다 갔다 하니, 동조(東朝: 세자 광해군)에서 익호 대장군(翼虎大將軍)이라는 칭호를 하사하여

---

290 枕骸(침해): 베개를 같이한 듯이 줄지어 있는 시체.

291 骨肉(골육): 부모와 자식, 형제자매, 숙질 등의 가까운 혈족을 통틀어 이르는 말.

292 翔貴(상귀): 물건값이 갑자기 많이 오름.

293 散料(산료): 네 계절로 나누어 주던 祿俸을 다달이 주던 일. 곧 월급으로 주던 일이다.

294 金玉(금옥): 金貫子와 玉貫子. 금관자는 황금빛으로 만든 관자로 정2품과 종2품의 벼슬아치가 쓴 망건의 관자이고, 옥관자는 당상관 이상의 벼슬아치가 쓴 옥으로 만든 망건의 관자이다.

장려하였다. 능히 말 위에서 두 개의 칼을 차고 있었는데 무게가 각기 50근이나 되었으며, 휘하에 30근 되는 검을 사용하는 자가 10여 명이나 되었다. 그러나 계사년(1593) 겨울부터 왜적과 바야흐로 강화(講和)를 꾀하여 한양(漢陽)의 왜적들은 서로 대비하면서 진(陣)을 치고 있었을 뿐, 달리 공격해와 약탈해가는 근심이 없어서, 김덕령은 그의 용맹을 떨칠 수가 없었다. 그 뒤에 다시 충용 장군(忠勇將軍)이라는 칭호로 고쳐 하사하였다. 을미년(1595) 사사로운 원한으로 2명을 때려죽였기 때문에 잡아다가 죽이려고 했는데, 그의 용맹을 아깝게 여겨 곤장을 치고 석방하였다. 병신년(1596) 가을에 충청도 역적 이몽학(李夢鶴) 등이 붙잡혔는데, 그들의 공초(供招: 범죄 사실 진술)에 김덕령이 연루되었다. 전임 경상도 병사(慶尙道兵使) 박진(朴晉)이 당시 재상(宰相)에게 참소하였고, 주상(主上)에게 밀계(密啓: 봉한 장계)를 올렸다. 당시 원망하고 미워하는 무리가 온갖 방법으로 일을 꾸며내어 끝내 김덕령을 죽게 하였으니, 이를 들은 자는 원통하게 여기지 않는 자가 없었다. 훗날 임금이 그의 원통함을 알고 그의 일가붙이들에게 벼슬을 주어서 그의 원통함을 씻어주었다.

廷試[295]取文武科, 文科得朴東說[296]等十三人。時金德齡[297], 起

---

295 廷試(정시): 殿試. 조선 시대 문과·무과의 제3차 시험. 初試·覆試·전시의 3단계 시험이 있었다. 전시는 국왕의 親臨 하에 복시에서 선발된 합격자들을 재시험해 등급을 결정하는 시험이었다. 이 시험에서는 부정을 저질렀거나 특별한 사유가 없는 이상 떨어지는 법은 없었다. 또, 답안을 쓰지 못한 사람이라도 다음 전시에 다시 시험을 보도록 하였다.

296 朴東說(박동열, 1564~1622): 본관은 潘南, 자는 悅之, 호는 南郭·鳳村. 1585년 진사가 되었으며 1594년 정시 문과에 장원으로 급제, 성균관 전적에 제수되

於全羅, 驍勇絶人, 往來如飛, 東朝[298]賜翼虎大將軍號以奬之。能於馬上佩雙劒, 重各五十斤, 幕下[299]用三十斤劒者十餘人。然自癸巳冬, 與賊方謀講和, 漢賊相對, 結陣而已, 別無攻剽之患, 德齡無以施其勇。其後, 改賜忠勇將軍號。乙未歲以私怨, 撾殺二人, 拿致將殺, 惜其勇, 因杖而釋之。丙申秋, 忠淸道逆賊李夢鶴[300]等, 被執, 辭連[301]德齡。前慶尙兵使朴晉, 讒于時相, 密啓[302]

었다. 이어 정언·병조 좌랑·사서 등을 지냈다. 1601년 홍문관의 수찬·교리를 거쳐 이조정랑에 올랐으며, 그해 가을 遠接使의 종사관이 되어 義州에 다녀왔다. 뒤에 황주 목사로 나갔다가 1606년 예조참의·동부승지 등을 지내고 우부승지에 올랐다. 그 뒤 황해도 관찰사를 거쳐 형조참의가 되었다.

297 金德齡(김덕령, 1567~1596): 본관은 光山, 자는 景樹. 임진왜란이 일어나자 담양부사 李景麟과 장성현감 李貴의 천거로 종군 명령이 내려졌으며, 全州의 光海分朝로부터 翼虎將軍의 군호를 받았다. 1594년 의병을 정돈하고 선전관이 된 후, 權慄의 휘하에서 의병장 郭再祐와 협력하여, 여러 차례 왜병을 격파하였다. 1596년 도체찰사 尹根壽의 奴屬을 杖殺하여 체포되었으나, 왕명으로 석방되었다. 다시 의병을 모집, 때마침 충청도의 李夢鶴 반란을 토벌하려다가 이미 진압되자 도중에 회군하였는데, 이몽학과 내통하였다는 辛景行의 무고로 체포되어서 구금되었다. 혹독한 고문으로 인한 杖毒으로 옥사하였다.

298 東朝(동조): 세자가 머물던 東宮. 나아가 세자를 일컫는다.

299 幕下(막하): 主將이 되는 사람의 아래나 部下.

300 李夢鶴(이몽학, ?~1596): 본관은 全州. 왕족의 서얼 출신으로 서울에 살았으나, 성품이 불량하고 행실이 좋지 않으므로 그 아버지에게 쫓겨나서 충청도·전라도 사이를 전전하였다. 1592년 임진왜란 중에 將校가 되었다가, 국사가 어지러움을 보고 모속관(募粟官: 식량을 모으는 임무를 맡은 관리) 韓絢 등과 함께 鴻山 無量寺에서 모의를 하고 의병을 가장하여 조련을 실시하였으며, 同甲會라는 비밀결사를 조직하여 친목회를 가장, 반란군 규합에 열중하였다. 한현은 어사 李時發 휘하에서 湖西의 조련을 관리하라는 이시발의 명을 받았으나, 민심이 이반되고 방비가 없음을 알아채고 이몽학과 함께 거사할 것을 꾀하였다. 金慶昌·李龜·張後載, 私奴 彭從, 승려 凌雲 등과 함께 僧俗軍 600~700명을 거느리

於上。當時怨嫉之輩，交搆百端，竟致其死，聞者莫不寃之。後上知其寃[303]，官其族屬，以雪其寃。

50. 경상 우감사 김성일 진주에서 병사

우도 감사(右道監司: 경상우도 감사) 김성일(金誠一)이 진주(晉州)에서 병으로 죽었다. 공(公: 김성일)은 난리 초부터 나랏일에 마음을 다하여 어렵고 험한 상황을 피하지 않았으며, 또 능히 마음에 백성에 대한 사랑을 담고 있어서 기근을 구제하는 것도 아울러 지극하였다. 그래서 군대의 행정이 시정되고 정비되었으며, 백성들도 또한 농사짓는 일을 폐하지 않아서 대부분 온전히 생활할 수 있었다. 이때 이르러 병으로 죽으니, 온 도내의 사람들이 친척이 슬퍼하듯이 하였고, 바로 안집사(安集使) 김륵(金玏)으로 우도 감사를 대신하게

고 홍산 雙防築에 모였다. 1596년 7월 일당이 야음을 틈타 홍산현을 습격하여 이를 함락하고, 이어 林川郡·定山縣·青陽顯·大興縣을 함락한 뒤 그 여세를 몰아 洪州城에 돌입하였다. 그러나 목사 洪可臣, 무장 朴名賢·林得義 등의 방어와 반란군 가운데 이탈하여 관군과 내응하는 자가 속출, 반란군의 전세가 불리하게 되자 부하 김경창·林億命·太斤 3인에 의하여 피살되었다.

301 辭連(사련): 죄인의 供招에 연루되는 것.

302 密啓(밀계): 임금이 직접 열어 보도록 봉하여 올리는 장계. 임금의 은미한 과실, 국가 기밀에 관련된 일, 궁중에 관련된 중요한 일 등을 아뢸 때 타인이 볼 수 없도록 밀봉하고 서명하여 올리는 글이다.

303 後上知其寃(후상지기원): 顯宗 2년인 1661년에 김덕령은 억울함이 풀려 관직에 복직되었으므로, 李汝馪(1556~1631)의 생몰년을 고려하건대 그의 사후에 첨가된 기록인 듯.

하였다.

右道監司金誠一, 在晉州病卒。公自亂初, 盡心王事, 不避艱險, 又能存心愛民, 救荒兼至。是以兵政修擧, 民亦不廢農作, 多得全活。至是病歿, 一道之人, 如悲親戚, 乃以安集使金玏代之。

51. 김면 대신 우병사 된 최경회 진주성에서 고종후와 남강 투신

병사(兵使) 김면(金沔)이 죽으니, 의병장 최경회(崔慶會)로 병사(兵使)를 대신하게 하였다. 최경회는 전라도 사람으로 문장에 능하고 문과(文科)에 급제하여 여러 관직을 거쳐 영해 부사(寧海府使)에 이르렀으나, 어머니가 늙으신 까닭으로 관직을 버리고 고향 집에서 지냈다. 임진년(1592)에 의병을 일으켜 김면(金沔)과 합세하여 김산(金山)·개령(開寧)의 왜적들을 토벌하였다. 이때 이르러 이런 명(命)이 있었는데, 최경회는 그 명을 받은 지 미처 1년이 넘지 않은 6월 29일 진주성(晉州城)이 함락될 때 전사하였다. 성이 장차 함락되자, 공(公: 최경회)은 복수장(復讎將) 전임 현감(前任縣監) 고종후(高從厚)와 함께 일이 성공하지 못할 줄 알고 촉석루(矗石樓) 위에서 서로 마주 보며 취하도록 술을 마시다가 마침내 촉석루 아래의 강물로 뛰어들어 죽었다. 고종후는 곧 고경명(高敬命)의 아들인데, 고경명은 임진년(1592) 가을에 금산(錦山)에서 전사하였다. 고종후는 아비의 원수를 갚으려고 뜻을 같이하는 자들을 불러 모아, 의병을 이끌고 떨쳐 일어났으나 이곳에 이르러 또한 죽었다. 이른바 죽어서 충성하고 죽어서 효도했다고 할 것이니, 두 가지에 유감이 없는 자이다.

兵使金沔卒, 又以義兵將崔慶會代之。慶會全羅道人也, 能文章, 擢文科, 累官至寧海府使, 以母老棄官家居。壬辰起兵, 與金沔合勢, 討金山·開寧之賊。至是, 有是命, 慶會受命未踰年, 六月二十九日, 晉州城陷, 時戰歿。城將陷, 公與復讎將前縣監高從厚, 知事不濟, 在矗石樓[304]上, 相對飮酒至醉, 遂自墜樓下水死。從厚卽敬命子, 敬命壬辰秋, 戰死錦山。從厚欲復父讎, 倡轢同志, 提兵奮起, 至此亦死。所謂死忠死孝, 兩無憾焉者也。

52. 좌병사 권응수 파면하고 대신 고언백 제수함

좌도 병사(左道兵使: 경상좌도 병사) 권응수(權應銖)가 도내(道內)의 수령들이 형벌을 엄혹하게만 쓰고 사졸(士卒)들을 따뜻이 돌보지 않은 것으로 조정이 의논한 것에 대해 논계(論啓)한 것을 명분으로 삼아 곤장을 쳐서 파면시켰다.

고언백(高彦伯)이 그를 대신하게 하였는데, 고언백 또한 왜적을 토벌한 공으로 서리(胥吏)에서 일어나 관행을 뛰어넘어 통정대부(通政大夫)를 제수받았고 양주 목사(楊州牧使)가 되었다. 이때 이르러 이런 명(命)이 있었다.

左道兵使權應銖, 以論啓[305]道內守令, 朝議托以用刑嚴酷·不

---

304 矗石樓(촉석루): 경상남도 진주시 본성동에 있는 누각.

305 論啓(논계): 신하가 임금의 잘못을 논박하여 아뢰는 것.

恤士卒爲名, 杖罷之。以高彦伯代之, 彦伯亦以討賊功, 起自胥吏, 超授通政, 爲楊州牧使。至是, 有是命。

53. 경상 우순찰사 김륵 도승지에 부임, 대신 좌순찰사 한효순 겸무하게 함

우도 순찰사(右道巡察使: 경상우도 순찰사) 김륵(金玏)이 조정으로 들어가 도승지(都承旨)가 되었다. 당초에 조정에서 영남(嶺南)의 군무(軍務)가 방대하고 번잡한데다 왜적에 의해 도로 또한 막혔기 때문에 좌도 순찰사와 우도 순찰사로 나누었다. 이때 이르러 왜적들이 바닷가로 퇴각하였고 도로에 막힘이 없었으므로 합쳐서 하나로 만들어, 좌도 순찰사(左道巡察使: 경상좌도 순찰사) 한효순(韓孝純)에게 우도 순찰사까지 겸하여 다스리도록 하였다.

도체찰사(都體察使) 류성룡(柳成龍)이 조정으로 들어가 영의정이 되었으며, 좌의정은 윤두수(尹斗壽)로 대신하게 하였다.

右道巡察使金玏, 入爲都承旨。初朝廷, 以嶺南軍務浩繁, 賊路且梗, 分爲左右巡察使。至是, 以賊退海徼, 道路無梗, 因合而爲一, 令左道巡察使韓孝純兼領。都體察使柳成龍, 入爲領議政, 左議政則以尹斗壽代之。

54. 이산겸·송유진의 반역 발각 처형, 정곤수의 진언에 의해 조완·여대로 방면

역적(逆賊) 이산겸(李山謙)·송유진(宋儒眞) 등이 반역을 꾀하다가 일이 발각되어서 처형을 받았는데, 연좌되어 죽은 자가 40여 명이나 되었다. 공초(供招)에 연루된 조완(趙琬)·여대로(呂大老)는 잡아다가 국문하였지만, 끝내 그 근거가 없어서 특별히 용서하였다.

당초에 옥사(獄事)가 거의 풀리지 않자, 서천군(西川君) 정곤수(鄭崑壽)가 주상(主上)에게 말하기를, "큰 병란을 치른 나머지라 사람과 물자가 소진되었사온데, 다시 큰 옥사를 일으키면 잘못 걸려든 자가 반드시 많을 것이옵니다. 그 우두머리가 이미 처형되었으니, 청컨대 위협에 눌려 따른 자들은 석방해 주소서."라고 하니, 주상이 기축옥사(己丑獄事: 정여립 사건)에 잘못 걸려든 자들의 원통함을 징계하고 그의 말대로 따랐다. 이로 말미암아 옥사가 점차 누그러져 옥과 돌이 다 함께 타버리는 것을 면하였으니, 이야기하는 자들이 옳게 여겼고 조완·여대로가 인하여 처형을 면할 수 있었다.

逆賊李山謙[306]·宋儒眞[307]等, 謀不軌[308], 事覺伏誅, 坐死者四十

---

306 李山謙(이산겸, ?~1594): 본관은 韓山. 李之菡의 庶子이다. 1592년 임진왜란이 일어났을 때 의병장 趙憲의 부하로 들어갔다. 조헌이 사망한 뒤 휘하의 병사들을 모아 平澤과 振威 사이에서 주둔하였고, 이후 建義大將 沈守慶의 통제를 받았다. 그후 부대를 해산한 뒤 金德齡의 휘하로 들어갔다. 이후 1594년 비변사의 보고를 받은 왕의 명령으로 체포되었다. 宋儒眞의 난의 주동자들이 親鞫을 받으며 李山謙을 지목하여 민란을 주도한 인물이라고 말하였기 때문이다. 鞫問 과정에서 그의 지인들 모두가 역모한 사실이 없었다고 진술하였으나, 계속하여 고문을 당하였다. 반역한 사실을 인정하지 않았으며, 결국 몸이 심하게 망가진

餘人。辭連趙琓·呂大老[309], 拿鞫之, 竟無所據, 特原之。初獄事幾不解, 西川君鄭崑壽, 言於上曰: "大兵之餘, 人物消盡, 復興大獄, 橫罹[310]者必多。巨魁已誅, 請釋脅從[311]." 上懲己丑橫罹之寃, 從之。以此獄事稍緩, 玉石得免俱焚, 談者韙之, 趙琓·呂大老, 因以得免。

55. 순찰사 한효순 병조참판으로 이임, 대신 홍이상 부임

순찰사(巡察使) 한효순(韓孝純)이 조정으로 들어가 병조 참판(兵曹

뒤에야 下獄되어 죽었다.

307 宋儒眞(송유진, ?~1594): 본관은 鴻山. 1592년 임진왜란 중의 혼란과 1593년의 대기근으로 굶주리는 백성 및 병졸을 모아 천안·직산 등지를 근거지로 하여 지리산·계룡산 일대에까지 세력을 폈으며 무리는 2,000여 명에 달하였다. 당시 서울의 수비가 허술함을 보고 이를 습격할 계획을 세우고 스스로 의병대장이라 칭하며, 吳元宗·洪瑾 등과 함께 아산·평택의 병기를 약탈하여 1594년 정월 보름날 한성에 진군할 것을 약속하였으나, 이해 정월 직산에서 충청병사 邊良俊에 의하여 체포되어 왕의 親鞫을 받고 사형당하였다.

308 不軌(불궤): 反逆. 국가의 법을 지키지 아니함.

309 呂大老(여대로, 1552~1619): 본관은 星山, 자는 聖遇, 호는 鑑湖. 1582년 사마시에 합격하고 이듬해 文科에 급제한 후 鄭逑·張顯光·鄭經世 등과 交誼를 맺었다. 1592년 임진왜란이 일어나자 고향에서 의병을 일으켜 金沔·郭再佑·權應聖 등과 지례 전투에서 공을 세웠다. 招諭使 金誠一의 천거로 지례현감이 되고 인근 4읍 5군의 의병장이 되어 향토 수호와 국토방위에 진력하였다. 1594년 義城縣令이 되자 전후의 황폐는 말할 것도 없고 전염병과 굶주림에 시달리는 백성을 위해 봉록을 털어서까지 구제하는 선정을 베풀기도 하였다.

310 橫罹(횡리): 뜻밖에 재앙을 당함. 부당하게 걸려듦.

311 脅從(협종): 위협에 눌려 복종함.

參判)이 되었는데, 홍이상(洪履祥)으로 순찰사를 대신하게 하였다. 홍이상이 부임하고서 마침내 병사(兵士)와 농민을 분간하였다. 농민은 9등급으로 나누고 곡식을 바치는 것에 차이가 있게 하여 신역(身役: 軍役)을 대신하였다. 사대부(士大夫)와 공사천(公私賤)을 막론하고 싸움터로 나갈 수 없는 자들은 모두 농민의 호적에 편입하고 식구수로 계산하여 내도록 요구하였는데, 곡식이 일찍 익고 늦게 익는 것에 따라 백성의 재산을 보아 빈부에 차등을 두고서 편의에 따라 바치도록 독촉하여 군량을 조달하였다.

병사(兵士) 또한 사서(士庶)와 공사천(公私賤)에게 신역(身役)이 있는지 없는지를 막론하고 오직 싸움터로 나갈 수 있는 자만 선택하였는데, 군(郡)과 읍(邑)의 크고 작음에 따라 적정하게 인원수를 정했다고 하였다.

巡察使韓孝純, 入爲兵曹參判, 洪履祥[312]代之。履祥到界[313],

---

312 洪履祥(홍이상, 1549~1615): 본관은 豐山, 초명은 麟祥, 자는 君瑞·元禮, 호는 慕堂. 1573년 사마시를 거쳐 1579년 식년문과에 장원급제하였다. 그 뒤 예조와 호조의 좌랑, 이조정랑, 1591년 직제학을 거쳐 동부승지가 된 뒤, 다시 이조참의가 되었다. 1592년 임진왜란 때는 예조참의로 옮겨 왕을 扈駕하여 西行하였다. 그리고 곧 부제학이 되었다가 成川에 도착해 병조참의에 전임하였다. 1593년 정주에서 대사간에 임명되었고, 이듬해 聖節使가 되어 명나라에 다녀왔다. 그 뒤 좌승지가 되었다가 곧 경상도 관찰사로 나갔다. 비변사와 긴밀하게 연락해 일본군 장수 小西行長과 加藤清正 사이의 이간을 계획, 추진하기도 하였다. 1596년 형조참판을 거쳐 대사성이 되었다. 그러나 영남 유생 文景虎 등이 成渾을 배척하는 상소를 올리자, 성혼을 두둔하다가 안동 부사로 좌천되었다. 1607년 청주목사가 되고, 1609년에는 대사헌이 되었다.

313 到界(도계): 관찰사가 임지에 도착함.

遂分兵農。農民分九等，納粟有差，以代身役。不論士大夫公私賤[314]，其不堪赴敵[315]者，皆入農籍，計口責出[316]，隨穀之早晩成熟，視民産貧富有差，隨便督納，以助軍餉。兵亦不論士庶公私賤有無役，惟可堪赴敵者是擇，隨郡邑大小，而的定額數云。

후기(後記)

내가 임진년(1592) 난리 초에 비로소 이 기록을 남겼다. 그 후에 왜적들이 바닷가로 퇴각하고 몸이 궁벽한 시골에 살아서 세상일에 간여하지 않아 미처 정초(政草: 도목정사 초안)을 보지 못했으니, 비록 간혹 들은 것이 있더라도 대부분 서로 달라서 어느 것을 따라야 적합할지 몰랐으므로 마침내 절필하고 기록하지 않았다.

대체로 왜적들이 계사년(1593) 5월 이후에 바닷가로 퇴각하여 숨고서 강화(講和)하는 일로 아군의 출동을 늦추었다. 을미년(1595) 가을에 천조(天朝: 명나라 조정)에서 이종성(李宗城)·양방형(楊方亨)을 신사(信使)로 삼아 장차 일본에 보내어 우호 관계를 맺으려 하는데, 우리나라 대신들이 모두 동행하기를 꺼렸다.

이때 황신(黃愼)이 접반사(接伴使)로서 심유경(沈惟敬)을 따라 적진 속에 있었으니 통정대부(通政大夫)로 가자(加資)하여 상사(上使)

---

314 公私賤(공사천): 公賤과 私賤. 공천은 內奴·寺奴·驛奴·校奴 따위이고, 사천은 士庶의 奴이다.

315 赴敵(부적): 싸움터로 싸우러 나감.

316 責出(책출): 책임지고 필요한 인원이나 물품 따위를 차출해 내는 일을 이르던 말.

로 삼고, 대구 부사(大邱府使) 박홍장(朴弘長)을 부사(副使)로 삼아서 근수배신(跟隨陪臣)이라 이름하여 보냈다. 상천사(上天使: 이종성)가 적진으로부터 도망쳐 돌아오자, 부사(副使: 양방형)를 상사(上使)로 삼고 심유경이 부사가 되어 일본에 도착하였다. 평수길(平秀吉)이 우리나라의 인사하는 예의가 정성스럽지 못하다며 물리쳤고, 천사(天使: 명나라 사신)가 비록 접대를 받았을지라도 화의(和議)는 끝내 이루어지지 못하였다.

정유년(1597) 가을에 왜적이 다시 군대를 풀어 호남(湖南)을 함락시켜 여러 고을을 분탕질하고 경기도와 충청도 등을 거의 모두 유린하였다. 장차 다시 경사(京師: 한양 도성)를 침범하려 했는데, 선봉이 천장(天將: 명나라 장수) 마귀(麻貴)에게 섬멸되자 왜적의 대군이 마침내 교전하지 않고 길을 나누어 돌아갔다.

이해 12월에 천병(天兵: 명나라 군대)이 울산(蔚山)의 증성(甑城)에 있는 가등청정(加藤淸正)의 진영(陣營)을 포위하고 13일 동안 서로 버텼는데, 가등청정을 거의 사로잡을 뻔하였으나 하지 못했다고 하였다.

余自壬辰亂初, 始爲此錄。其後, 賊退海徼, 身居窮巷, 不預世事, 未見政草[317], 雖或有聞, 率多異同, 未能適從, 故遂絶筆不爲。大槩倭賊, 自癸巳五月以後, 退遁海徼, 以講和緩我師。乙未秋, 天朝遣李宗城[318]·楊方亨[319]爲信使, 將送日本通好, 我國大臣, 皆

317 政草(정초): 都目政事의 초안. 벼슬아치의 임면과 출척에 관한 문서의 초안.

318 李宗城(이종성): 조선에서 임진왜란이 일어나자 천거를 통해 도독첨사에 임명

憚於行。時黃愼[320], 以接伴使, 隨沈惟敬, 在賊中, 就加通政爲上使, 大邱府使朴弘長副之, 名曰跟隨陪臣以遣。上天使[321]自賊陣

된 인물. 고니시 유키나가, 심유경의 공작으로 거짓 강화 협상이 진행되는 와중에 도요토미 히데요시를 일본 국왕에 책봉하기 위한 정사가 되어 일본에 사신으로 파견되었다. 1595년 4월에 한양으로 들어왔고 일본군에게 사람을 보내 바다를 건너 돌아가라고 재촉했으며, 9월에 부산에 도착해 고니시를 만나려고 했지만 고니시는 만나러 오지 않고 일본으로 귀국했다가 관백(히데요시)에게 보고해 결정이 내려진 후에 사신을 맞이하겠다고 했다. 어느 사람이 일본에서는 봉작을 받을 의사가 없는 데다 자신들을 유인해 가두어 욕을 보이려고 한다고 하자, 이종성은 이를 두려워해 밤중에 평복 차림으로 변장해 일본군의 진영을 탈출해 함께 온 사람과 짐을 모두 버린 채로 도망갔다. 이종성이 달아나자 그 뒤를 이어서 사신으로 파견되었던 부사 양방형이 정사에 임명되었다.

319 楊方亨(양방형): 1595년 임진왜란 당시 명나라가 일본과 강화를 위해 파견한 사신. 강화를 통해 일본과의 전쟁을 끝내기로 결정한 명나라는 豐臣秀吉을 일본 국왕으로 책봉하는 사신 파견을 결정하였다. 이때 일본으로 향하는 사신의 부사로 차출된 인물이 양방형이다. 1596년 4월 4일 정사 李宗城이 부산에 있던 일본군 진영을 탈출하는 사건이 발생하자 명나라 조정은 양방형을 정사에 임명하였다. 양방형은 일본으로 건너가 풍신수길과 강화를 위한 회담을 가졌지만, 명나라와 일본이 원하는 것에 차이가 있어 강화는 이루어지지 않았다. 이 일로 결국 그는 탄핵을 당하였다.

320 黃愼(황신, 1560~1617): 본관은 昌原, 자는 思叔, 호는 秋浦. 1588년 문과에 장원 급제하였다. 사헌부 감찰, 음죽 현감, 호조 좌랑, 병조 좌랑, 사간원 정언을 역임하였고, 1589년 鄭汝)의 옥사에 대해 논박했다가 고산 현감으로 좌천당했다. 1591년 왕세자 책봉을 건의하였다가 벼슬을 강등당한 鄭澈의 일파로 몰려 파직되었다. 1592년 다시 기용되어 세자시강원 사서, 병조 좌랑, 사간원 정언, 사헌부 지평을 역임하였다. 1594년 명나라 장수 沈惟敬의 접반사로 부산에 머물렀고, 강화 회담을 위해 일본에 가는 심유경·楊邦亨 일행을 따라 통신사로서 일본에 다녀왔다. 1602년 鄭仁弘의 탄핵으로 삭탈관직되었으나 1605년 임진왜란 때의 공을 인정받아 扈聖宣武原從功臣에 책록되었다. 1609년 陳奏副使로 명나라에 다녀온 이후 호조 참판, 공조 판서·호조 판서를 역임하였다. 1613년 계축옥사 때 옹진에 유배되어 1617년 세상을 떠났다.

321 上天使(상천사): 중국의 천자가 보낸 사신 가운데의 正使를 이르는 말.

逃還, 副使爲上使, 沈惟敬爲副使, 到日本。平秀吉, 以我國辭禮不誠却之, 天使則雖見接待, 和議竟未得成焉。丁酉秋, 賊復縱兵陷湖南, 焚劫列邑, 殆盡蹂躪京畿忠淸等道。將再犯京師, 前鋒爲天將麻貴[322]所殲, 大軍遂不交鋒, 分道而還。是年季冬, 天兵圍蔚山[323]甑城[324]淸正陣, 相持十三日, 幾獲淸賊而不能云。

---

322 麻貴(마귀): 1597년 정유재란 때, 명나라가 파견한 조선 원병의 제독으로 군사를 거느리고 들어온 인물. 그해 12월 도원수 權慄과 합세하여 울산에 내려가서 島山城을 포위공격을 하였으나 적장 구로다 나가마사[黑田長政]가 이끄는 일본군에게 패하여 경주로 후퇴하였다. 1598년 萬世德이 거느린 14만 원군을 따라 들어와 또 동래로 내려가 도산성을 공격하였으나 성과를 올리지 못하고, 일본군의 철수로 귀국하였다.

323 蔚山(울산): 경상남도 북동부 해안에 있는 고을. 동쪽은 동해, 서쪽은 경상남도 밀양시와 경상북도 청도군, 남쪽은 부산광역시 기장군과 경상남도 양산시, 북쪽은 경상북도 경주시와 접한다.

324 甑城(증성): 울산광역시 중구 학성동에 있는 조선시대의 왜성. 울산왜성은 1597년 남해안까지 쫓긴 왜군이 방위선을 보강하기 위하여 가토[加藤淸正]와 아사노[淺野幸長] 군이 축성한 것인데, 석재는 대부분 울산읍성과 병영성(兵營城)을 헐어서 사용하였다고 한다.

부록

행장

이광정(1674~1756)

공(公)의 이름은 여빈(汝贇), 자는 덕훈(德薰), 성은 이씨(李氏)이다. 그의 선조는 강릉부(江陵府) 우계현(羽溪縣) 사람이었으며, 중간 세계(世系)에 이구(李球)가 있었으니 원(元)나라에 들어가 19세 때 진사시에 합격하였으며, 그 뒤로 중추원 부사(中樞院副使) 이억(李薿)이 있었으니 우리 태조(太祖: 이성계)를 도와 개국공신으로 녹훈되었고 경사(京師: 도성)에 집을 하사받았다.

4대가 지나 이수형(李秀亨)에 이르러 경태(景泰: 명나라 대종의 연호, 1450~1457) 말에 평시서 령(平市署令)을 버리고 영천(榮川: 영주)의 도촌(道村)에 은둔하였으니, 바로 공의 고조부이다. 증조부 이대근(李大根)은 홍천 현감(洪川縣監)을, 조부 이당(李棠)은 정략장군(定略將軍)을 지냈다. 부친 이효신(李孝信)은 참봉(參奉)을 지냈는데, 효령대군(孝寧大君)의 4세손 이귀윤(李貴胤)의 딸에게 장가들어 가정(嘉靖) 병진년(1556) 9월에 공(公)을 낳았다.

타고난 성품이 남보다 뛰어났으니, 어려서는 사문(斯文) 한우(韓佑)에게 학업의 가르침을 받았고, 경서(經書)·사서(史書)·제가서(諸家書)를 널리 익혀서는 시문을 지을 때 거침없이 써 내려갔다. 이희득(李希得)·허충길(許忠吉)이 서로 이어서 군수가 되어 공(公)이 지은 글들을 보았는데, 더불어 의리에 관한 여러 책을 강설(講說)하고서 모두 겸손히 자리를 양보하며 상좌(上座)로 여겼다.

공(公)이 순수하고 침착한 데다 독실하여 학문을 하는데 안과 밖의 구분을 알았으니, 비록 여러 사람을 따라 과거에 응시하면서도 급급해하는 바가 없었다. 만력(萬曆) 신묘년(1591) 사마시에 합격하였고, 임인년(1602)에 부친상을 당하여 슬픔과 예를 모두 지극히 갖추었다. 갑진년(1604)에 삼년상을 마치고 그해 가을 증광동당시(增廣東堂試)에 합격하였으며, 을사년(1605) 봄에 비로소 문과에 급제하여 처음으로 벼슬할 수 있었으나 모친의 노환 때문에 그 곁을 떠나 벼슬자리에 나아가려고 하지 않았다. 조정의 신하들은 공(公)이 봉양하는 데 급급하다는 것을 알고 있었다. 병오년(1606) 벽사도 찰방(碧沙道察訪)에 제수되었으나, 공(公)은 오히려 노모를 정성껏 모시는 일이 멀어지는 것을 걱정하였다. 하루는 〈제적인걸망백운도(題狄仁傑望白雲圖)〉를 짓고는 마침내 관직으로 버리고 귀향하였다. 광해군이 즉위하자 문을 닫아걸고 노모를 봉양하면서 벼슬길을 구하여 나아가려는 뜻이 없었다. 경술년(1610) 규례에 따라 성균관 전적(成均館典籍)으로 승진하였으나 또한 일어나 사례하지 않았다. 신해년(1611) 가을에 노모가 세상을 떠나자 죽을 먹고서 시묘살이를 하여 3년상을 마쳤다.

계축년(1613) 봄에 역적의 옥사(獄事)가 일어났는데, 이이첨(李爾瞻) 등이 동조(東朝: 인목대비전)를 가리키며 8세의 대군(大君: 영창대군)을 화(禍)의 빌미로 삼아 반드시 폐위하여 죽인 뒤에야 그치려고 하였다. 대신(大臣) 가운데 신중한 자는 거의 파면되어 출척되고,

조정의 신하 가운데 이의를 제기하는 자는 번번이 역적을 비호했다고 논핵을 당하니, 감히 말하는 자가 없었다. 공(公)이 복중(服中)에도 상소하였으니, 이러하다.

「역적들의 공초(供招)에 이것저것 이끌어다 어지럽게 하였으니, 주상(主上) 및 자전(慈殿: 인목대비)과 유고(遺孤: 영창대군)가 진실로 천고에 있지 않았던 큰 불행입니다. 예로부터 지금까지 천하에 거룩한 황제와 명석한 왕이 많지 않은 것은 아니지만, 유독 순(舜)임금만을 대효(大孝)라고 일컫는 것은 인륜의 변고를 처리하면서도 우애하는 도리를 다했기 때문입니다. 지금 조정의 의론이 줄곧 더욱 심하니 명색이 선비라는 자들 또한 패론(悖論)을 발설하고 대간(臺諫)들이 잇달아 상소하여 여름부터 가을까지 저지시키지 못하였는데, 이것은 대순(大舜) 같은 성인(聖人)을 끌어들였으면서도 도리어 한당(漢唐) 이후의 말세에 사는 것입니다.

송(宋)나라 이종(理宗)이 즉위하면서 황자(皇子) 조횡(趙竑)을 축출하여 제양왕(濟陽王)으로 삼았습니다. 호주(湖州: 절강성 오흥현)의 반임(潘壬)이 군사를 일으켜 추대하자, 제양왕이 말을 둘러대어 그곳에서 벗어나 곧바로 호주의 군대를 이끌고 반임을 토벌하였으나 사미원(史彌遠)에게 모함을 받아 죽었으니, 당시 원통하게 여기지 않는 이가 없었습니다. 후세에 이종을 욕하며 책망하는 자는 제양왕이 장차 추대를 받아들여 반역하려는 마음이 없었고 반임 등에게 핍박받은 것이니, 그 죄는 용서할 만하다고 하였습니다. 그러나 외지(外地)로 나가 관직을 담당하면서 창졸간에 위협을 받았더라도 그 자취는 이미 더러워졌으니, 그 원통함 또한 스스로 변명하기가 어려웠을 것입니다.

지금 이의(李㼄: 영창대군)는 8세 아이일 뿐입니다. 깊숙이 대궐 안에만 지내면서 모후(母后: 인목대비)의 슬하를 떠나지 않고 오직 과일을 찾느라 울거나 새 새끼를 가지고 노는 것만 아는데, 어찌 바깥의 일에 간여하겠습니까? 이는 사람들이 모두 알고 있는 것이건만 좌우의 신하들은 다투기를 그치지 않으니, 단지 역모를 다스린다는 명분만 알 뿐이지 전하를 불의(不義)와 패륜(悖倫)의 지경에 빠뜨린다는 것을 알지 못하고 있습니다.

진시황(秦始皇)이 태후(太后: 진시황의 생모 趙姬)를 별궁(別宮)에 유폐시켰으나, 모초(茅焦)가 (가마솥으로 들어갈 양으로) 옷을 벗고서 간(諫)하여 진시황의 마음을 깨닫게 해서 모자의 관계를 처음과 같아지게 하였습니다. 정(鄭)나라 장공(莊公)이 강씨(姜氏: 장공의 생모)에게 황천(黃泉)에서 보겠다고 맹세했지만, 영고숙(穎考叔)이 고깃국을 먹지 않고서 진언(進言)하여 장공의 마음을 뉘우치게 하였습니다. 옛날의 신하들이 임금을 섬기는 것은 비록 그 임금의 마음에 고질적인 폐단이 있더라도 오히려 참된 길을 열고 인도하여 인(仁)과 효(孝)의 경지에 되돌아가게 함으로써 그 떳떳한 윤리의 근본을 상하지 않았으니, 어찌 도리어 자상하고 정성스러운 마음을 시기와 잔혹한 지경으로 빠뜨리도록 인도할 수 있겠습니까?

한(漢)나라의 무제(武帝) 때 무고옥(巫蠱獄)이 일어나자, 무제가 강충(江充)에게 옥사를 다스리게 하였습니다. 강충이 태자궁(太子宮)에서 목인(木人: 나무 인형)을 찾아낸 것이 특히 많으니, 태자가 화를 피할 수 없을까 두려워하여 석덕(石德)의 계책을 따르고서 직접 자리에 임하여 강충을 참(斬)하려고 장락궁(長樂宮)의 호위병들을 발동하였습니다만, 반란이 태자로부터 비롯되었다고 일컬어져서 그 죄는 용서받을 수 없는 것이었습니다. 그러나 무제는 마음속으로 끝내 그 잘못을 깨닫고 뉘우치고서 〈귀래망사지대(歸來望思之臺)〉를 지었습니다. 고제(高帝: 漢高祖 劉邦)가 조왕(趙王: 척부인 소생, 한고조의 3남)을 지나치게 총애하여 장차 태자를 바꾸려 하였는데, 혜제(惠帝: 呂后소생, 태자 劉盈)는 즉위하고서 조왕을 더욱 돈독하게 보호하였으나, 척부인의 팔다리를 잘라 돼지를 만들고 조왕을 짐주(鴆酒)로 죽이는 참혹한 지경에 이르러서는 모후(母后)의 잔혹한 처사에 민망하여 통곡하고 슬피 상심하다가 병이 되기까지 하였습니다.

부자(父子)와 형제는 모두가 일체(一體)이나 전하의 자애와 효성은 한(漢)나라의 황제들과 똑같이 놓고 말할 수는 없으니, 자식을 그리워하며 한 뉘우침이나 동생을 잃어 슬피 상심한 우정이 어찌 일이 지난 뒤에야 발현되기를 기다리겠습니까? 《시경(詩經)》에 이르기를, "뽕나무와 가래나무를 생각만 해도, 반드시 공경하는 마음이 일렁인다."라고 하였으니, 전하의 온 정성을 다한 효성은 비록 선왕(先王)의 지팡이와 신이나 개와 말까지도 오히려 반드시 공경하고 보호할 것인데, 하물며 평소 도타운 사랑을 쏟은 바에 대해 마지막 유언으로 간곡하게 부탁함에야 말해 무엇하겠습니까?

전하가 이미 이의(李㼁: 영창대군)를 서인(庶人)이 되도록 허락하여 여러 신하의 주장에 마지못해 따르면서도 또한 이의(李㼁)의 목숨을 살려주었으니 변고에 대처하는 도리를 곡진하게 보전하였습니다.

공의(公議: 공론)와 사정(私情: 사사로운 정) 양쪽으로 다 마땅함을 얻었으나, 다만 염려스러운 것은 8세의 어린아이가 뿌리 달린 나무와 같나니 모후(母后) 곁을 한 번이라도 떠나면 어찌 작은 풀이 뿌리를 떠나는 것과 다르겠습니까? 만일 놀라고 근심하여서 요절(夭折)이라도 한다면, 자전(慈殿: 인목대비) 또한 어찌 그 성정을 상하지 않고 보전하겠습니까?

한(漢)나라 문제(文帝)는 성대한 덕을 지닌 군주였는데, 회남왕(淮南王: 문제의 이복동생 劉長)을 폐하여 유배를 보냈습니다. 처음부터 죽음에 이르게 하고자 한 것이 아니었으나 두속(斗粟)의 노래는 군주의 덕에 흠이 되는 것을 면치 못했으니, 구구하고 하찮은 제가 또한 전하를 위하여 오늘 염려하지 않을 수 없습니다. 신이 바라옵건대 전하는 끝내 능히 순임금의 효심에 마음을 두고 후세의 잘못을 경계로 삼아 골육(骨肉: 혈육)이 화합하여 모자(母子)가 처음과 같게 한다면 지극한 화평을 부를 수도 있고 태평을 이르게 할 수도 있으니, 다만 전하의 거룩한 덕이 광채를 청사(靑史)에 비출 뿐만 아니라 하늘에 계신 선왕(先王)의 영령(英靈)도 반드시 먼 하늘에서 기뻐할 것입니다.」

상소가 올라가자 당로자(當路者: 요직에 있는 자)가 중간에서 저지하였으니, 대궐 앞에 7일 동안이나 엎드렸으나 끝내 받아들여지지 않았다. 그러나 그의 충성과 의리가 분발한 것이 일신만을 위한 계책이 아님은 이 상소문에서 볼 수 있다.

공(公)은 타고난 자질이 순박하면서도 진실하였고, 겉으로는 부드러우면서도 마음속은 강직하였다. 평소에는 물러나 묵묵히 있어서 남들과 그리 다를 것이 없는 듯했으나, 의리를 분별하거나 시비를 결단해야 지경에 이르러서는 비록 스스로 맹분(孟賁)과 하육(夏育)이라 하더라도 그의 뜻을 뺏을 수 있는 자가 없었다. 이때를 당하여 이이첨(李爾瞻)이 거간(巨奸: 막강한 권력을 가진 간신)으로서 국정을 맡았고 정인홍(鄭仁弘)이 같은 부류의 영수(領袖)가 되어 멀리서 조정의 권세를 농간하였으니, 사대부 가운데 명리(名利)를 좋아하고 파렴치한 자들은 모두 분주하였다.

대체로 공(公)은 한 고을에서 재예(才藝)로 명망이 있었으나 적게라도 발을 헛디디지 않았다. 그리고 공(公)은 의연하게 그 사이에서 외로이 외쳤는데, 간혹 기침 소리를 내며 임금이 들어주기를 바랐으나 이미 어떻게 할 수가 없었으니 문을 닫아걸고서 정원의 길도 쓸지 않은 채 당시의 일을 사절하였다. 오직 서사(書史)만을 읽으며 스스로 즐기면서 비록 거친 밥에 나물국조차 때때로 주지 않더라도, 저 고드름 드리운 옥서(玉署: 궁중의 관청)를 이만 못한 듯이 생각하였다. 서로 알고 지내던 사람이 조정에 있었는데, 공(公)의 곤궁함을 민망히 여기고 학관(學官)의 벼슬을 주어서 그해 가을에 안동(安東) 향교의 제독(提督: 훈도), 경인년(1620) 겨울에 상주(尙州) 향교의 제독, 병인년(1626) 여름에 진주(晉州) 향교의 제독으로 천거하자, 공(公) 또한 스스로 떳떳하지 못했으나 때때로 그 사이를 오갔다. 상주에 있을 때, 알고 지내던 사람이 공(公)을 희롱하며 말하기를, “그대와 같은 고을 사람들 중에는 요로(要路)에 오른 자가 많은데, 그대는 어찌하여 홀로 이처럼 오래도록 벼슬에 오르지 못하는 것인가?”라고 하자, 공(公)이 말하기를, “그들이 벼슬에 오르고 내가 벼슬에 오르지 못한 것은 운명이 각각 다 같지 않아서이니, 어떻게 서로 미칠 수 있겠는가? 나에게는 그런 계책이 없네."라고 하였다. 그 사람이 말하기를, "어찌 그들의 행위를 본받지 않고 말미에 거론한 말을 주목하는 것이며, 그들의 뒷자락이라도 밟고 따라갈 것이지 어찌하여 그런 계책이 없다고 말하는가?"라고 하자, 공(公)은 아무런 응답을 하지 않고 《심경(心經)》을 꺼내어 〈양심장(養心章)〉을 펼쳐 보이니, 그 사람이 웃으며 말하기를, "그대는 계책을 터득했네."라고 하였다.

공(公)이 일찍이 벽사(碧沙)에 있으면서 시를 지었으니, 이러하다.

한하노니 내가 애매미처럼　恨我不能如寒蟬
높은 나무 찾아 맑은 이슬 마시며,　尋高樹飮淸露
5월 찌는 계절 자방치 못함일러라.　自放於五月之炎天
한하노니 내가 지렁이처럼　恨我不能如蚯蚓
마른 흙 먹고 황토 물 마시며,　食枯壤飮黃泉
세상 비린내 노린내 구함을 없애지 못함일러라.　無求於人世之腥膻
부끄럽노니 내가 부패한 유자 세속적 선비로　愧我爲儒之腐士之俗
의식주에 분주하느라　奔衣走食
속인 따라 주위를 맴도는 것이네.　隨俗子而周旋
허리 굽실하길 싫으나 남에게 꺾이고　腰不肯折爲人折
무릎 굽히길 싫어하나 남에게 굽히고　膝不肯屈爲人屈
얼굴 숙이길 싫어하나 남에게 숙이고　顔不肯低爲人低
머리 움츠리길 싫으나 남에게 움츠렸네.　頭不肯縮爲人縮

적은 녹봉은 천성의 바름을 갉아먹고　　寸廩蝕降衷之正
낮은 벼슬은 우뚝한 성품을 굽히네.　　微官屈偃謇之性
언변 본디 졸렬하나 인욕이 교묘롭게 하고
　　言辭本拙人欲使之巧
기색 본디 태연하나 인욕이 간사스럽게 하네.
　　氣色本舒人欲使之佞
고라니와 사슴에게 관을 씌운 듯하니　　有如麇鹿而冠巾
움츠러들 뿐 속마음 달려갈 곳 없어라.　　蹙蹙中懷靡所騁
슬프도다!　　悲來乎
어떻게 해야 적송자 좇고 팽조와 노담 따라서
　　安得追赤松隨彭聃
초연히 자취 끊고서 높이 날아갈거나.　　超絶迹而高擧
속된 관리들 품계 논하고 고하 비교하여
　　不使俗吏論品秩較高下
나의 이목을 어지럽히지 않게 하라.　　亂我之視聽

공(公)이 세상에 받아들여지지 않았음을 또한 볼 수 있을 것이다.

공(公)은 숭정(崇禎) 신미년(1631) 3월 28일 정침(正寢)에서 생을 마쳤으니, 향년 76세였다. 부인 선성 김씨(宣城金氏)는 이조판서 문절공(文節公) 김담(金淡)의 현손, 참봉 김욱(金勖)의 딸이다. 4남 2녀를 두었는데, 장남 성화(成樺)는 생원이고, 차남 성림(成林)은 장사랑이고, 삼남 성재(成材)는 선무랑이고, 사남 성운(成橒)이다. 장녀는 사인(士人) 권람(權欖)에게, 차녀는 사인 임지경(任之敬)에게 시집갔으며, 내외의 자손이 모두 약간 명 있다.

공(公)의 집이 감곡(鑑谷)에 있어서 감곡을 호(號)로 삼았는데, 만년에 호를 취사(炊沙)로 바꾸어 취사노옹(炊沙老翁)이라 하였으며, 시문(詩文) 몇 권이 전한다. 소위 인수정(因樹亭)과 석양와(夕陽窩)는 평소에 거처하던 곳으로 그 취한 뜻은 심원하다.

이번 을미년(1715) 겨울에 공(公)의 고을 사람들은 공(公)의 고조(高祖) 서령공(署令公: 李秀亨)이 약관의 나이에 벼슬을 버렸는지라 당시의 이른바 생육신(生六臣)과 동일한 심사(心事)로 도계(道溪)의 정사(精舍)에서 배향(配享)하고 있었는데, 진작에 공(公)이 혼조(昏朝: 광해군 조정)에 발을 들여놓았으나 깨끗하여 한 점의 흠도 없으니 공(公)의 고조부와 짝할 만하다고 여겨 마침내 공(公)도 배향하였다.

공(公)의 사적은 그의 셋째 아들 선무공(宣務公: 李成材)의 수기(手記)가 있는데 삼갔으나 완전하지 못하였다. 지금 선무공의 증손인 상사(上舍) 진만(鎭萬)·진화(鎭華) 형제가 못난 광정(光庭)에게 부탁하여 말하기를, "그대가 우리 선조의 행장을 지어주게나."라고 하였다. 광정이 스스로 생각건대 식견이 좁은 용렬한 후생이라서 공(公)의 자취나 가르침을 접해보지도 못하고 또 선배를 뒤따르지도 못하였지만, 공(公)의 말과 주장이나 풍도(風度)와 지취(志趣)가 담긴 글 한두 편을 읽어 보았다. 비록 공(公)을 흠모하고 생각하여 사모하는 마음이 있을지라도, 실제로는 그 부탁을 받들 수 있는 것이 없었다. 그러나 일찍이 공(公)의 문학(文學)은 한 시대 동료들부터 추앙과 존중되는 바가 되었다고 들었으니, 지금 바로 그가 남긴 책에서 그 비슷한 점을 찾을 수 있을 듯하다.

도산(陶山)에서 도(道)를 강론하던 날, 공(公)이 나이가 조금 어려서 옷자락을 여미며 미처 참여하지 못하고 가르침을 청하였는데, 부자(夫子: 퇴계 이황)가 주자서(朱子書)를 절록(節錄)한 바를 얻고 독실히 좋아해 마지않았다. 평소 학업을 연마하는 바탕이 되었음은 공(公)의 〈차귀거래사(次歸去來辭)〉에서 이미 서문을 지었다. 겨우 현관(賢關: 태학)에 올랐는데, 섬 오랑캐가 제멋대로 날뛰는 전란을 만나서 그 시국을 걱정하고 나라를 근심하는 것을 스스로 그치지 못하였으니, 〈용사록(龍蛇錄)〉 및 길거리에서 마음으로 느낀 슬픔을 읊조린 데서 볼 수 있다. 만년(50세)에야 과거에 급제하여 훌륭한 일을 할 수 있을 듯했으나 혼탁한 시대를 만나 조금도 어떤 일을 시행하고 조치할 수가 없었으니, 비분강개하고 우분(憂憤)한 뜻이 간절하고 간절했음은 〈시사잡록(時事雜錄)〉 및 감흥을 붙인 여러 작품에서 알 수 있다. 애석하도다! 공(公)의 독실한 공부로도 대현(大賢: 이황)의 문하에서 가르침을 받지 못하였으며, 충성스럽고 질박하며 올곧은 성품은 끝내 바른 것을 베거나 찔러서 지방 수령이 되는 솜씨를 펼칠 수가 없었다. 공(公)이 화산(花山: 안동)의 교아(校衙: 교관의 거처)에 있었을 때 〈전형시화(剪荊蒔花)〉 시를 지었으니, 이러하다.

가시덤불 베어내고 국화 심은 것은 　剪除荊棘種寒花
무릇 내가 애당초 좋아한바 아니었네. 　夫我初非所好阿
사랑과 미움 원래 천성으로 얻어지니 　愛惡元來天性得
현인 친애하고 악인 멀리함은 달리 방법 없네. 　親賢遠惡自無他

이와 같았으니, 오늘날까지 여한이 없을 수 없을 것이다. 공(公)의 문장 또한 광채를 숨기고 화려함을 없애어 한결같이 꾸민 데가 없이 수수한 경지로 나아갔으며, 당시 성대한 예복을 입고 화려하게 단장하고서 음탕한 정(鄭)나라와 위(衛)나라의 노래를 부르는 자들과 비겨 본다면 전혀 같지 않았으니 또한 공(公)의 사람됨을 상상할 수 있겠다.

광정은 미천하고 늙었으며 문장도 서투르고 어설퍼서 공(公)의 훌륭한 공적을 선양하기에 부족하였건만, 상사(上舍) 형제(兄弟: 이진만·이진화)가 청을 두세 번이나 하고도 그치지 않으니 그들의 뜻을 돌아보건대 끝끝내 사양할 수 없었다. 이에 감히 본장(本狀: 家狀, 李成材 지음)에다 선배들의 추송(追頌: 사후 칭송)한 말을 아울러 채택하여 삼가 위와 같이 편차(編次)하였으니, 세상의 군자들은 그 가운데 혹여 분수에 넘쳐 지나친 것을 용서하고 그 실상을 알게 되기를 바랄 뿐이다.

영조(英祖) 9년 계축년(1733) 중추(仲秋) 저녁에
평원(平原: 원주) 이광정(李光庭) 삼가 행장을 쓰다.

行狀

公諱汝馪, 字德薰, 姓李氏。其先江陵府羽溪縣[1]人, 中世有諱球[2], 入元朝, 十九登進士第, 其後有中樞院副使諱薿[3], 佐我太祖,

---

1 羽溪縣(우계현): 강원도 강릉시 옥계면의 옛 명칭.

2 球(구): 李球(1265~?). 본관은 羽溪, 초명은 李沃. 조부는 李迪, 부친은 李洪俊

錄開國勳, 賜第京師。四世而至諱秀亨[4], 景泰[5]末棄平市署令, 遯于榮川之道村, 是爲公高祖。曾祖諱大根[6]洪川縣監, 祖諱棠[7]定畧將軍。考諱孝信[8]參奉, 娶孝寧大君四世孫貴胤之女, 以嘉靖[9]丙辰之九月庚寅生公。資性絶人, 幼受業韓斯文佑[10], 博習經史百家語, 爲文詞雱沛不窮。李公希得[11]·許公忠吉[12], 相繼爲郡守, 得公

이다. 1283년 원나라에 들어가 元 世祖 쿠빌라이가 친히 주관하는 제과의 진사시에 합격하였다. 원나라에 다녀온 뒤 관직은 예빈시승동정을 거쳐 예빈시경에 이르렀다.

3 薿(억): 李薿(생몰년 미상). 본관은 羽溪, 자는 信之, 호는 退隱. 증조부는 李球, 조부는 李伯卿, 부친은 李思誠이다. 고려 공민왕 연간 문과에 급제하였다. 1388년 강계원수로 있으면서 이성원수 洪仁桂와 함께 요동으로 들어가서 적들을 물리치고 돌아왔다. 1392년 밀직부사에 제수되었다. 1392년 조선이 개창된 직후에는 도평의사사사에 올랐다. 또 1393년 전라도로 파견되어 군사를 점검하였다. 이에 태조 이성계가 여러차례 불렀으나 불응하자 교지를 내려 田土와 奴婢를 하사하였으며 원종공신으로 포상하였다.

4 秀亨(수형): 李秀亨(1435~1528). 본관은 羽溪, 자는 英甫, 호는 桃村. 조부는 李仁淑, 부친은 李景昌이다. 1451년 蔭補로 平市署令이 되었다. 세조가 왕위를 찬탈하자 벼슬을 사직하고 생육신의 일원들인 元昊, 趙旅와 함께 단종을 향한 충절의 징표로 원주 치악산에 있는 바위에 각자의 이름을 새기고는 장인의 고향인 순흥 道知里(현 경상북도 봉화군 봉화읍 도촌리)로 이주하여 은거하였다. 우계이씨 12세손이다.

5 景泰(경태): 중국 명나라 제7대 황제 代宗 朱祁鈺의 연호(1450~1457).

6 大根(대근): 李大根(생몰년 미상). 본관은 羽溪, 자는 不拔. 음보로 사헌부 감찰, 홍천현감을 지냈다.

7 棠(당): 李棠(생몰년 미상). 본관은 羽溪, 초명은 樒, 자는 愛仲. 관직은 定略將軍 龍驤衛副護軍을 지냈다.

8 孝信(효신): 李孝信(1529~1602). 본돤은 羽溪, 자는 季立. 將仕郎 軍資監 參奉을 지냈다.

9 嘉靖(가정): 중국 명나라 제11대 황제 世宗 朱厚熜의 연호(1522~1566).

10 韓斯文佑(한사문우): 斯文 韓佑(생몰년 미상). 자는 君卿.

所爲文, 與之講說義理諸書, 俱推遜許以上價。公醇靜篤實, 其爲學, 知內外分[13], 雖隨衆應擧, 非其所汲汲也。萬曆辛卯中司馬, 壬寅居父憂, 哀禮備至。甲辰服闋, 秋中增廣東堂試, 乙巳春, 始釋褐[14]登第, 以大夫人老病, 不欲離側出仕。朝臣有知公急於爲養也。丙午除碧沙道察訪, 公猶以定省[15]曠遠爲憂。一日題狄仁傑望白雲圖[16], 遂棄歸。光海卽位, 杜門養親, 無求進意。庚戌例陞成均館典籍, 亦不起謝。辛亥秋, 大夫人卽世[17], 啜粥廬墓, 以卒三年。癸丑春, 逆獄[18]起, 爾瞻[19]等, 指東朝[20], 以八歲大君爲禍胎, 必

---

11 李公希得(이공희득): 李希得(1525~1604). 본관은 全州, 자는 德甫, 호는 荷潭. 1549년 사마시에 합격하고, 1566년 영주 군수를 거쳐 1572년 春塘臺文科에 급제하여 사간에 제수되었다. 1592년 임진왜란 때 북도순검사를 지낸 뒤 1594년 함경도관찰사를 역임하였다. 그 뒤 이조참판을 거쳐 1597년 대사간을 역임한 뒤, 1604년 지중추부사가 되어 기로소에 들어갔다.

12 許公忠吉(허공충길): 許忠吉(생몰년 미상). 본관은 金海, 자는 國善. 金安國의 문인이다. 1540년 식년시에 급제하였다. 明宗 때 良才驛壁書事件에 연루되어 義州로 유배되고, 후에 榮川郡守 등을 지냈다.

13 其爲學, 知內外分(기위학, 지내외분): 《論語》〈雍也篇〉의 註에 "사씨가 말하기를, '배우는 자가 안과 밖의 구분을 조금만 알면 모두 도를 즐기고 권세를 잊을 수 있다.'라고 하였다.(謝氏曰: '學者能少知內外之分, 皆可以樂道而忘人之勢?')"라고 한 것을 활용한 말.

14 釋褐(석갈): 문과에 급제하여 처음으로 벼슬함.

15 定省(정성): 昏定晨省. 저녁에는 잠자리를 보아드리고, 아침에는 문안을 드리는 일.

16 題狄仁傑望白雲圖(제적인걸망백운도): 《炊沙先生文集》 권1 詩에 실려 있음. 仁傑이 太行山의 정상에 올라 한 조각 흰 구름이 두둥실 떠 있는 것을 보고서 "내 어버이가 저 구름이 나는 아래에 계신데, 멀리 바라만 보고 가서 뵙지 못하여 슬퍼함이 오래되었다."라고 하였다는 고사가 있다.

17 卽世(즉세): 사람이 죽어 이 세상을 떠나감.

欲廢殺之而後已。大臣持重者輒罷黜, 朝臣立異者輒論以護逆, 無敢言者。公從服中上疏曰: 「賊招蔓引, 上及慈殿與遺孤[21], 誠千古所未有之大不幸也。古今天下聖帝明王, 不爲不多, 而獨稱舜爲大孝[22]者, 以其處人倫之變而盡其友愛之道而已。今朝議, 一向

---

18 逆獄(역옥): 癸丑獄事. 1613년 大北派가 永昌大君 및 반대파 세력을 제거하기 위하여 일으킨 옥사. 1608년 선조가 죽고 광해군이 즉위하자, 鄭仁弘·李爾瞻 등 대북파는 선조의 嫡子이며 광해군의 이복동생인 永昌大君을 왕으로 옹립하고 반역을 도모하였다는 구실로 小北派) 우두머리이며 당시 영의정이었던 柳永慶을 賜死하는 등 소북파를 몰아낸 사건이다. 대북파에서는 계속하여 선조의 繼妃이며 영창대군의 생모인 仁穆大妃와 그의 친정아버지 金悌男을 몰아낼 궁리를 하고 있었는데, 때마침 鳥嶺에서 銀商人을 죽인 이른바 朴應犀의 옥사가 일어났다. 범인 일당은 영의정을 지낸 朴淳의 서자 應犀, 沈銓의 서자 友英, 목사를 지낸 徐益의 서자 洋甲, 平難功臣 朴忠侃의 서자 致毅, 북병사를 지낸 李濟臣의 서자 耕俊, 朴有良의 서자 致仁, 서얼 許弘仁 등이었다. 모두 조정 고관의 서얼들로서 출세의 길이 막힌 데 불평을 품고 온갖 악행을 자행하다가 그 사건을 일으킨 것이다. 대북파는 이들을 문초할 때 김제남과 반역을 도모하였다고 허위 자백케 하여 김제남을 죽였고 영창대군을 庶人으로 만들어 강화도에 유배하였는데, 후에 江華府使 鄭沆으로 하여금 그를 燒死하게 하였다.

19 爾瞻(이첨): 李爾瞻(1560~1623). 본관은 廣州, 자는 得輿, 호는 觀松·雙里. 권세를 장악한 이이첨은 정인홍과 함께 심복을 끌어들여 대북의 세력을 강화하는 한편, 臨海君(李珒)과 柳永慶을 사사되게 하는 등 소북 일파를 숙청하였다. 1612년 金直哉의 誣獄을 일으켜 宣祖의 손자 晋陵君 李泰慶 등을 죽였다. 1613년 강도죄로 잡힌 朴應犀 등을 사주하여, 永昌大君을 옹립하려 했다고 무고하게 하여 영창대군을 庶人으로 떨어뜨려 강화에 안치시키고 金悌男 등을 사사시켰다. 1614년 영창대군을 살해하고, 1617년 仁穆大妃의 폐모론을 발의해 1618년 대비를 西宮(경운궁. 곧 지금의 덕수궁)에 유폐하는 등 生殺置廢를 마음대로 자행하였다.

20 東朝(동조): 대비가 거처하는 궁궐.

21 遺孤(유고): 선대이 君主가 돌아간 후에 남은 어린 군주를 말함.

22 舜爲大孝(순위대효): 《孟子》〈離婁章句 上〉에 나오는 구절.

愈甚, 名爲士子者, 亦發悖論, 臺諫連章累牘[23], 自夏迄秋, 莫之能止, 是引大舜之聖而反處漢唐以下之衰世也。宋理宗[24]卽位, 皇子竑[25]黜, 王濟陽。湖州潘壬, 起兵推戴, 王權辭得脫, 乃舉州兵討壬, 而不免爲史彌遠[26]所搆殺, 當時莫不寃之。後世以爲理宗之詬病者, 以濟王無無將[27]之心, 而迫於壬等, 其罪可恕也。然出判[28]於外, 迫脅於倉卒, 其迹已汚, 其寃亦難以自明。今㼁[29]則八歲童子耳。深居大內, 不離母后膝下, 惟知索果而啼, 弄雛而戲, 何與外間事? 此則人之所共知者, 而左右者爭之不已, 徒知討逆之名, 而不知陷殿下於不義悖倫之地矣。秦始皇廢太后[30]於別宮, 茅焦[31]脫衣

---

23 連章累牘(연장누독): 잇달아 상소하는 것을 말함.

24 理宗(이종): 중국 南宋의 제5대 황제. 본명은 趙昀. 주자학에 심취하여 유학자를 중용하고 개혁을 도모하였으나, 지나치게 이상적인 개혁이 몽골군의 침공이라는 국가 위기에 대응하지 못하고 실패로 끝났다.

25 竑(횡): 趙竑. 중국 宋나라의 왕자·제후. 寧宗이 아들이 없어 宗室인 趙竑을 皇子로 세워 장래의 후계로 삼으려 했지만, 政丞 史彌遠에 의해 저지당하고 결국 죽임을 당하였다.

26 史彌遠(사미원, 1164~1233): 중국 南宋의 정치가. 寧宗 1206년 글을 올려 韓侂胄가 금나라에 대해 병사를 쓰는 일에 반대했다. 다음해 예부시랑 겸 同修國史가 되었다. 楊皇后의 총애를 얻어 한탁주를 살해하고 편지를 보내 금나라와 화의를 모색했다. 1208년 우승상 겸 樞密使가 되었다. 나중에 영종이 죽자 조서를 고쳐 理宗을 옹립하고 9년 동안 재상으로 있으면서 太師에 임명되어 정권을 장악했다.

27 無將(무장): 장차 받들어 행하려는 의사가 없다는 뜻. 《春秋公羊傳》에서 "임금과 부모에 대해서는 시역할 의사가 없어야 하니 장차 시역할 의사가 있으면 주벌한다.(君親無將, 將而必誅焉.)"라고 한 데에서 나온 말이다.

28 出判(출판): 出任州官. 부임지로 나가 관직을 맡음.

29 㼁(의): 영창대군 李㼁(1601~1614).

以諫, 感悟其心, 使之如初。鄭莊公[32]誓黃泉於姜氏, 穎考叔[33]舍羹進言, 發莊公之悔心。古之人臣, 所以事君者, 雖其君心之弊

30 太后(태후): 秦始皇의 생모로 최초의 황태후 趙姬. 본래 趙나라의 상인인 呂不韋의 첩이었다가, 秦나라 왕족 嬴異人의 처가 되었는데, 영이인이 조나라를 탈출하여 진나라의 왕위를 이어 장양왕으로 즉위하면서 왕후가 되었고, 장양왕이 병사하여 아들 政이 진왕의 자리에 오름으로써 태후가 되었다. 태후는 노애와 불륜을 맺었는데, 노애가 반란을 일으켜 참형되었고 태후는 죽을 때까지 별궁에 유폐당하는 신세가 되었으나 신하들의 중재로 겨우 모자가 화해하여 조용히 지내다 죽음을 맞았다.

31 茅焦(모초): 秦始皇 때의 신하로서 齊나라 사람. 진시황이 태후를 雍이라는 땅으로 내쫓고 이를 비판하는 신하 27인을 죽였는데도 모초는 굴하지 않고, 진시황의 무도한 행동 네 가지 곧, "오늘날 천하가 진나라를 받는 까닭은, 비단 진나라의 위력 때문만은 아닙니다. 대왕께서는 천하의 雄主이며, 忠臣烈士들이 모두 진나라 조정에 모여 있기 때문입니다. 지금 대왕께서는 假父를 차열하였으니 이는 어질지 못한 것이며, 두 아우를 박살하였으니 이는 우애롭지 못한 것이며, 어머니를 역양궁에 가두었으니 이는 불효한 행위이며, 간하는 선비들을 주륙하여 그 시신을 궐하에 전시하였으니 이는 桀紂의 통치입니다. 이러고서야 어찌 천하를 복종시킬 수 있겠습니까?"라고 지적하여 진시황으로 하여금 자신의 잘못을 깨달아 태후를 다시 모시고 오게 만들어 母子의 관계가 처음과 같아지게 하였다.

32 鄭莊公(정장공): 鄭武公 掘突과 正夫人 姜氏(武姜)의 장남. 본명은 寤生이다. 모친 강씨가 동생 共叔段을 편애한 것을 빌미로 공숙단이 반역을 일으키자 이를 신속히 진압한 후 모친과 결별했으나 穎考叔의 기지로 화해하였다. 이후 탁월한 지략과 용병술을 무기로 삼고 제족·영고숙·高渠彌·瑕叔盈 등 뛰어난 명신, 책사들의 보좌를 받으면서 부친의 업적을 계승하여 정나라의 최고 전성기를 구가하였다. 장공이 모친에게 맹세한 것은 "황천에 가지 않는 이상 보지 않으리라.(不及黃泉, 無相見也."이다.

33 穎考叔(영고숙): 춘추시대 鄭나라의 효자. 鄭莊公이 叔段의 반란으로 자기 어머니 姜氏를 穎城에 추방했는데, 한 번은 장공이 고깃국을 내리니 영고숙이 국물만 먹고 고기는 남기기에 까닭을 물으니, "小人에게 어미가 있어 가져다 드리려 합니다."라고 하자, 장공이 감동하여 모자간이 전과 같이 되었다는 고사가 있다.

錮[34], 猶將開發導迪, 以歸於仁孝之地, 不傷其彝倫之本, 豈有反導其慈詳惻怛之念, 納之猜忌殘酷之域哉? 漢武帝巫蠱[35]獄起, 帝令江充[36]治之。充於太子宮, 得木人尤多, 太子恐不得免, 從石德[37]計, 自臨斬充, 發長樂宮[38]衛卒, 是稱亂自乎太子, 其罪有不可容貸者。而帝心終能悔悟, 作歸來望思之臺[39]。高帝[40]溺愛趙王[41], 將

---

34 弊錮(폐고): 錮弊. 고질화된 폐단.

35 巫蠱(무고): 사람이나 짐승의 시신 또는 뼈를 베개 속에 넣어둔다든지 왕래하는 길에 뿌려둔다든지 하는 것을 통해 남을 혹독하게 저주하는 일. 漢武帝의 황태자가 江充과 사소한 일로 틀어지자, 한무제가 언제 죽을지 몰라 불안해진 강충이 황태자를 제거할 모략을 꾸몄는데, 한무제가 다니는 길과 침소에 저주가 쓰여진 물건과 인형을 마구 파묻고서 이를 황태자의 소행으로 뒤집어씌웠다. 이에 분개한 황태자가 먼저 선수를 쳐서 강충을 죽여버리고 군사를 일으켰는데, 이를 자신에 대한 도전으로 받아들인 한무제가 황태자의 군사를 진압하고 죽여버렸다. 그 후에 강충의 모함으로 황태자가 억울하게 죽었다는 사실을 알게 된 한무제는 衛子夫와 황태자를 복권시켜 주었다.

36 江充(강충): 趙나라 사람. 본명은 齊. 이름을 고치고 망명하여 漢나라로 오니, 武帝는 上林苑에 있는 犬臺宮에서 만나보고는 그의 훌륭한 외모에 감탄하여 중용하였는데, 뒤에 무제가 병들자 戾太子가 咀呪한 때문이라고 속여 巫蠱 사건을 일으켜 수많은 사람을 죽게 했다. 이에 격분한 여태자는 그를 죽이고 자살했는데, 뒤에 무제는 여태자의 억울함을 깨닫고는 강충의 三族을 멸하였다.

37 石德(석덕): 前漢의 관료. 石慶의 아들. 조정에 나아가 太子少傅를 지내던 중 태자 유거에게 擧兵을 종용하여 함께 반란을 일으켰으나(무고의 난), 반란은 진압되어 景建에게 사로잡히고 처형되었다.

38 長樂宮(장락궁): 漢나라 高祖가 秦나라 興樂宮을 고쳐 지은 궁전.

39 歸來望思之臺(구래망사지대): 漢武帝)의 아들 戾太子가 江充의 모함을 받아 죽음을 면치 못하게 되자 父王의 군사를 절취하여 강충을 죽이고 자기도 목매어 죽었다. 그 후 무제는, 아들이 억울하게 죽었음을 깨닫고 있던 중 高寢郎 田千秋가 “아들이 아비의 무기를 희롱한 데 적용하는 형률은 笞刑인데 천자의 아들이 잘못하여 살인했다면 무슨 죄에 해당하겠습니까?”라고 하는 말을 듣고 크게 후회하여, 마침내 思子宮을 짓고 아들이 돌아오기를 기다린다는 뜻의 귀래망사지

易太子[42], 及惠帝卽位, 忘舊怨, 保護趙王尤篤, 而逮人彘[43]鴆殺[44]之慘, 則憫母后殘酷, 痛哭悲傷, 至於成病。父子兄弟, 俱是一體, 而殿下之慈孝, 語不可同年於漢帝, 則望思之悔, 悲傷之情, 何待發於事往之後哉? 詩曰: "維桑與梓, 尙恭敬止."[45] 以殿下之誠孝[46], 雖於先王之杖屨[47]犬馬[48], 尙必祗敬而保護之, 况其平日慈愛之所鍾, 末命[49]丁寧之付託乎? 殿下旣以免璣爲庶人, 勉從羣臣之議,

---

대를 쌓았다는 이야기.

40 高帝(고제): 漢高祖 劉邦. 秦나라 말기에 군사를 일으켜 秦王으로부터 항복을 받았으며, 4년간에 걸친 項羽와의 쟁패전에서, 항우를 대파하고 천하통일의 대업을 실현하였다.

41 趙王(조왕): 劉如意. 漢高祖의 서자이자 셋째아들. 모친은 戚夫人이다. 한고조는 자신의 성격을 닮아 활달하기까지 한 유여의를 매우 아꼈다. 여후 소생의 적장자 劉盈을 황태자에서 폐하고 그 자리에 유여의를 세우려고 했고, 모친인 척부인 역시 高帝 앞에서 눈물로 애원하며 아들을 황태자로 만들기 위해 갖은 방법을 동원했다. 하지만 신하들의 반발과 현실의 벽에 부딪혀 황태자 교체는 실패하고 말았다.

42 太子(태자): 呂太后의 소생 劉盈. 漢高祖의 차남으로, 前漢의 제2대 황제인 惠帝이다.

43 人彘(인체): 人豕. 사람돼지. 漢나라 呂后가 高祖의 愛姬 戚夫人의 팔다리를 자르고 눈을 뽑고 벙어리와 귀머거리를 만든 뒤 측간에 놔두고는 인체라고 불렀다.

44 鴆殺(짐살): 짐주를 먹여 사람을 죽임. 漢高祖가 죽자 呂后는 趙王을 짐살하였다.

45 維桑與梓, 尙恭敬止(유상여재, 상공경지): 《詩經》〈小弁〉에 나오는 구절.

46 誠孝(성효): 마음을 다하여 부모를 섬기는 정성.

47 杖屨(장구): 지팡이와 신. 이름난 사람이 머물른 자취를 이르는 말로도 쓰인다.

48 犬馬(견마): 《論語》〈爲政篇〉의 "자유가 효도에 관하여 묻자, 공자가 말하기를, '오늘날의 효도란 단지 부모를 먹여 살릴 수 있는 것을 말한다. 그러나 개와 말에 이르기까지도 모두 먹여 살리는 일이 있을 수 있으니 공경하지 않는다면 무엇으로 개나 말과 구별할 것인가?'라고 하였다.(子游問孝, 子曰: '今之孝者, 是謂能養. 至於犬馬, 皆能有養, 不敬, 何以別乎?')"에서 나오는 말.

又且貸璣之性命, 曲全處變之道。公議私情, 兩得其宜, 而第恐八歲童子, 有同附根之木, 一離母后, 何異寸草之去根哉? 脫令驚憂以致夭折, 慈殿亦安保不傷其性哉? 漢之文帝[50], 盛德之主, 廢徙[51]淮南王[52]。初非置之於死也, 而斗粟之謠[53], 不免爲君德之累, 區區[54]芹曝[55]之愚, 亦不能不爲殿下今日慮也。臣願殿下終能心大舜之心, 戒後世之失, 使骨肉團圓, 母子如初, 則至和可以召, 太平可以致, 非但殿下之德輝映青史, 先王在天之靈。必能慰悅於冥

---

49 末命(말명): 임종할 때의 유언.

50 文帝(문제): 前漢의 제5대 황제 劉恒. 高祖 劉邦의 넷째 아들. 처음에 代王에 책봉되어 中都에 도읍했다가 조정을 專斷하던 呂氏의 난이 평정된 뒤 太尉 周勃과 승상 陳平 등 중신의 옹립으로 제위에 올랐다.

51 廢徙(폐사): 관직을 폐하여 유배시킴.

52 淮南王(회남왕): 漢高祖 劉邦의 서얼 막내아들 劉長. 漢文帝와는 아버지가 같고 어머니가 다른 형제지간이다. 한고조 때 회남왕 영포가 반란을 일으켰고, 유장은 영포를 대신하여 회남왕에 봉해졌다. 문제가 즉위한 후 유장은 자신이 문제와 가장 친밀한 황족임을 들먹여 교만해지고 법을 어기는 경우가 많았다. 유장이 柴奇 등과 반란을 획책하다가 발각되었는데, 문제는 유장의 목숨을 살려주는 대신 봉국을 빼앗고 蜀郡으로 유배시켰다. 유장은 유배가는 도중에 굶어 죽었다.

53 斗粟之謠(두속지요): 淮南王 劉長이 반란을 일으키다 발각되어 유배를 가서 굶어 죽자, 文帝는 박정하게 한 것을 후회했으나 민간에서는 왕이 천하를 차지하고도 동생에게 무정했다는 내용의 퍼진 노래. 곧, "한 자의 조각 천이라도 이어서 꿰매면 입을 수 있고, 한 말의 조라도 나누어 먹으면 굶어 죽니 않는데, 형제가 서로 용납하지 않는구나.(一尺布尙可縫, 一斗粟尙可舂, 兄弟二人不能相容.)"이다.

54 區區(구구): 잘고 용렬함.

55 芹曝(근포): 보잘것없다는 뜻. 고대광실 좋은 집에서 좋은 옷을 입고 추위를 모르고 사는 군주에게는 따뜻한 햇볕이 별로 대단한 것이 되지 못하며, 늘 맛있는 음식을 부호에게는 미나리 반찬이 맛있는 음식일 수가 없다는 데서 나온 말이다.

冥矣.」 疏上, 當路者從中沮撓, 伏閤[56]七日, 竟不得徹。然其忠義奮發, 不爲一身計者, 可見於此矣。公天資樸實, 外和內剛。平居退默, 若無甚異於人, 而至其義理之分·是非之決, 雖自謂賁育[57], 有不能奪者。當是之時, 爾瞻以巨奸當國, 而仁弘爲一路領袖, 遙弄朝權, 士大夫之嗜利無恥者, 咸奔走。蓋公一鄕才藝之望, 鮮不失脚。而公毅然其間, 孑然孤雊[58], 冀或以謦欬[59]宸聽[60], 旣已不可如何, 則杜門却掃[61], 謝絶時事。維以書史自娛, 雖蔬食菜羹, 有時不給, 而視彼之冰條玉署[62]無如也。朝之相識者, 悶其窮, 縻以學官之祿, 是年秋, 提督[63]安東校, 庚申冬, 提督尙州校, 丙寅夏, 提督

56 伏閤(복합): 큰일이 있을 적에 朝臣 또는 儒生이 대궐 문에 엎드려 상소하는 것.

57 賁育(분육): 孟賁과 夏育. 맹분은 맨손으로 쇠뿔을 뽑았고, 하육은 천 鈞의 무게를 들어 올렸다고 한다. 漢나라의 충신 汲黯의 節義를 칭송하면서 "스스로 분육이라 하더라도 그의 뜻을 뺏을 수 없을 것이다.(雖自謂賁育, 不能奪之矣.)"라고 했던 고사가 전한다.

58 孤雊(고구): 시속을 따르지 않고 절개에 따라 행동하는 것. 韓愈가 "어지러운 비난을 만났으나 어두운 새벽에 홀로 울었으니 저 소인들의 부언이 아무리 많다 하나 어찌 욕이 되리오.(遭唇舌之紛羅, 獨陵晨而孤雊, 彼憸人之浮言, 雖百車其何詬?)"라고 한 말을 인용한 것이다.

59 謦欬(경해): 윗사람에게 뵙기를 청할 때 자기가 있음을 알리기 위하여 내는 기침.

60 宸聽(신청): 上奏하는 말을 임금이 들음.

61 杜門却掃(두문각소): 대문을 닫고서 정원의 길도 쓸지 않는다는 뜻으로, 세상과 인연을 끊고서 오직 자신의 일에만 몰두하는 것을 의미함. 北魏의 李謐이 "대문을 닫고서 정원의 길도 쓸지 않았으며, 산업은 돌보지 않은 채 독서만 일삼았다.(杜門却掃, 棄産營書.)"라고 한 말에서 유래하였다.

62 玉署(옥서): 조선 시대에 三司의 하나로 궁중의 經書, 史籍, 文書 따위를 관리하고 왕에게 학문적 자문을 하던 관청.

63 提督(제독): 訓導. 조선 시대 교육을 감독하고 장려하기 위해서 지방에 파견된

晉州校。公亦不自潔, 時往來其間。其在尙州, 有相識者戱公, 曰: "君同郡人, 多騫騰要路, 子何獨沉滯[64]若是?" 公曰: "彼自騫騰, 我自沉滯, 命各不同, 何以相及? 我則無其筭耳." 人曰: "何不效彼之爲, 贊其末論, 躡其後塵[65], 何謂無筭?" 公不應, 出示心經[66]養心章[67], 人笑曰: "君得筭矣." 公嘗在碧沙[68], 有詩[69]曰: "恨我不能如寒蟬, 尋高樹飮淸露, 自放於五月之炎天。恨我不能如蚯蚓, 食枯壤飮黃泉[70], 無求於人世之腥羶。愧我爲儒之腐士之俗, 奔衣走食, 隨俗子而周旋。腰不肯折爲人折, 膝不肯屈爲人屈, 顔不肯低爲人低, 頭不肯縮爲人縮。寸稟[71]蝕降衷之正, 微官屈偃蹇之性。

관원. 1586년 8도에 각 1인을 파견하여 該道의 향교를 감독하게 하다가 1592년에 폐지하였다.

64 沈滯(침체): 오래도록 벼슬이 오르지 않음.

65 後塵(후진): 사람이나 車馬가 지나 간 뒤에 일어나는 먼지. 앞서지 못하고 남의 뒤를 따름.

66 心經(심경): 宋나라 眞德秀가 경전과 도학자들의 저술에서 심성 수양에 관한 격언을 모아 편집한 책.

67 養心章(양심장): "맹자가 말하기를, '마음을 기르는 것은 욕심을 적게 하는 것보다 더 좋은 것이 없으니, 그의 사람됨이 욕심이 적으면 비록 보존되지 못한 것이 있더라도 적고, 그의 사람됨이 욕심이 많으면 비록 보존된 것이 있더라도 적다.' 라고 하였다.(孟子曰: '養心, 莫善於寡欲, 其爲人也寡欲, 雖有不存焉者, 寡矣, 其爲人也多欲, 雖有存焉者, 寡矣.')"는 내용이 있음.

68 碧沙(벽사): 驛 이름. 지금의 전라남도 장흥군 장흥읍 元道里에 있었다. 碧沙道의 중심이 되는 역이었다.

69 《炊沙先生文集》 권1에 〈述懷詩〉로 수록됨.

70 食枯壤飮黃泉(식고양음황천): 《孟子》〈滕文公章句 下〉의 "중자의 지조를 채우려 하면 지렁이 정도라야 가능합니다. 지렁이는 마른 흙을 먹고 황토 물을 마십니다.(充仲子之操, 則蚓而後可者也. 夫蚓, 上食枯壤, 下飮黃泉.)"에서 나온 말.

言辭本拙人欲使之巧, 氣色本舒人欲使之佞。有如麋鹿而冠巾。蹙蹙中懷靡所騁。悲來乎! 安得追赤松[72]隨彭聃[73], 超絶迹而高擧。不使俗吏論品秩較高下。亂我之視聽." 公之骯髒[74]於世, 亦可見也。公以崇禎辛未三月二十八日, 終于正寢, 享年七十六。夫人宣城金氏, 吏曹判書文節公淡[75]之玄孫, 參奉勗之女。有四子二女, 男長成樺[76]生員, 次成林[77]將仕郎, 次成材[78]宣務郎, 次成檼[79]。女長適士人權欖, 次適士人任之敬, 內外子孫總若干人。公家居鑑谷, 以鑑谷號, 晩更號炊沙, 作炊沙老翁, 傳詩文若干卷。所謂因樹亭[80]·夕陽窩[81], 則平日居息之所, 而其取義者遠矣。今乙未冬, 公之鄕人, 以公之高祖署令公[82], 弱冠棄官, 與當世所謂生

---

71 寸廩(촌름): 매우 적은 녹봉.

72 赤松(적송): 赤松子. 神農 때 雨師. 뒤에 崑崙山에 들어가서 仙人이 되었다고 한다.

73 彭聃(팽담): 彭祖와 老聃. 옛날에 매우 오래 산 사람. 노담은 곧 老子이다.

74 骯髒(항장): 꼿꼿하여 불우하게 됨.

75 淡(담): 金淡(1416~1464). 본관은 禮安, 자는 巨源, 호는 撫松軒. 어려서부터 총명하고 독서를 좋아했으며, 1435년 庭試에 급제하여 홍문관정자로 임명되었다.

76 成樺(성화): 李成樺(1582~?). 본관은 羽溪, 자는 子晦, 호는 荷泉. 1613년 생원이 되었다.

77 成林(성림): 李成林(1585~1654). 본관은 羽溪, 자는 子茂.

78 成材(성재): 李成材(1589~1648). 본관은 羽溪, 자는 子才, 호는 西巖.

79 成檼(성운): 李成檼(1595~?). 본관은 羽溪, 자는 子章. 통덕랑 홍문관 교리를 지냈다.

80 因樹亭(인수정): 경상북도 영주시 부석면 감곡 마을에 있는 정자.

81 夕陽窩(석양와): 因樹亭 앞에 있던 초가 까치구멍집.

82 署令公(서령공): 李秀亨(1435~1528)을 가리킴.

六臣者, 同一心事, 享于道溪[83]之精舍, 旣已以公立脚昏朝, 皭然不滓, 可以配公之高祖, 遂腏食[84]公。公之事蹟, 有公之第三子宣務公之手記, 謹而不盡。今宣務公之曾孫上舍鎭萬[85]·鎭華[86]兄弟, 以屬不佞光庭, 曰: "子以吾祖狀." 光庭自惟孤陋後生, 不應接公之影響, 又未得從先輩, 得公言論風旨之一二。雖歆想公, 有執鞭之願[87], 而實無以承其委托者焉。然嘗聞公之文學, 爲一時儕流所推重, 今卽其遺卷, 若有以得其髣髴者。蓋公於陶山講道之日, 齒差少, 未及躡齊[88]請益[89], 而得夫子所節朱子書, 篤好之不已。爲平日進修之地, 則公之次歸去來辭, 旣序之矣。纔登賢關[90], 遭島夷陸梁[91]之禍, 其憫時憂國之不能自已, 則有龍蛇錄及道途感傷之

---

83 道溪(도계): 경상북도 봉화군 봉화읍 도촌리에 있는 자연 마을. 이곳에 있는 도계서원은 錦城大君 李瑜, 大田 李甫欽, 桃村 李秀亨, 炊沙 李汝馪 등 忠節의 본보기가 되었던 선비들의 덕을 기리기 위하여 1610년 건립하였다.

84 腏食(철식): 학덕이 높은 유학자나 공신 가문의 조상 등의 神主를 文廟·종묘·서원·祠宇·家廟 등에서 主壁 좌우에 봉안하여 제사를 받을 수 있도록 함.

85 鎭萬(진만): 李鎭萬(1675~1752). 본관은 羽溪, 자는 孟能, 호는 白隱. 1699년 증광시에 급제하였다. 부친은 李基定(1647~1726), 조부는 李爔(1610~1666), 증조부는 李成材이다.

86 鎭華(진화): 李鎭華(1677~1754). 본관은 羽溪, 자는 長世, 호은 默庵. 1710년 생원이 되었다.

87 執鞭之願(집편지원): 말채찍을 잡는 일도 달갑게 여기는 바람.

88 躡齊(섭자): 攝齊. 攝齋와 같은 말. 공경스레 예를 표하기 위하여 당에 오를 적에 옷자락을 가지런히 잡아 살짝 들어 올리는 것을 말함.

89 請益(청익): 더 자세히 가르쳐 주기를 청함.

90 賢關(현관): 현자가 진출하는 통로. 太學을 가리킨다. 李汝馪이 1591년 진사시에 합격한 사실을 일컫는다.

91 陸梁(육량): 어지러이 달림. 마음대로 날뜀.

吟, 可見矣。晩占科第[92], 若可以有爲, 而遭時棼濁, 不能有少施措, 則其慷慨憂憤之意, 眷眷於時事雜錄及寄興諸作, 可知已。惜乎! 以公篤實之工, 不及受裁於大賢之門, 而其忠樸質直之性, 終不能施其芟棘栽花[93]之手。公在花山[94]校衙[95]時, 作剪荊蒔花詩, 有曰: "剪除荊棘種寒花[96], 夫我初非所好阿。愛惡元來天性得, 親賢遠惡自無他." 不能無遺恨於今日也。公之文章, 亦鏟彩彫華, 一趨平實, 其視當時之袨服[97]麗粧, 靡靡[98]爲鄭衛之唱者, 不類矣, 亦可以想公之爲人也。光庭賤且老, 文詞拙訥, 不足以道揚遺烈, 而上舍兄弟之請, 再三而未已, 顧其義, 有不可終辭者。迺敢就本狀, 兼採先輩追頌之語, 而謹編次之如右, 世之君子, 庶或恕其僭

---

92 晩占科第(만점과제): 1605년 별시 문과에 급제한 것을 가리킴.

93 栽花(재화): 꽃을 심는다는 뜻 외에, 縣令 또는 지방 장관을 가리키기도 함.

94 花山(화산): 경상북도 안동의 옛 이름.

95 花山校衙(화산교아): 안동향교의 教官이 거처하는 校衙. 李汝馪의 〈花山校衙記〉에 의하면, 提督을 둔 것은 옛날만이 아니었다고 하면서 조선 초기에 여러 읍에서 文廟를 세우고 鄕校를 설치하여 教授를 배치하여 訓導하였는데, 大邑에는 새롭게 등용된 문관을 임명하고, 小邑에는 生進 출신이나 儒生으로 初試에 합격한 인재를 취하여 선비들을 가르치도록 했다고 하였다. 洪鎬(1586~1646)가 30대에 安東府 提督으로 왔다 간 일을 언급하면서 자신이 赴任한 후의 일을 말하고 교아가 聖廟 오른쪽에 있었으며, 출입하는 자들은 반드시 菁莪樓에서 말을 내려 걸어서 들어갔고 안에서는 서로 자주 만나거나 하는 일이 없이 며칠이나 서로 말 한마디로 나누지 못하고 지내는 경우도 많다고 하였다. 1614년 6월에 적는다고 전하고 있다.

96 寒花(한화): 추운 계절에 피는 꽃. 보통 국화를 가리킨다.

97 袨服(현복): 盛裝할 때에 입는 잘 꾸민 검은 옷.

98 靡靡(미미): 음탕함. 퇴폐적임.

而得其實焉爾。

九年癸丑仲秋之夕，平原李光庭[99]謹狀[100]

99 李光庭(이광정, 1674~1756): 본관은 原州, 자는 天祥, 호는 訥隱. 1699년 진사가 되었으나, 생부모와 양부모 喪을 연이어 당하자, 과거시험을 포기하고 태백산 자락 小川山으로 들어가 젊은이를 가르치면서 문장가로서의 일생을 보냈다. 영남 文苑의 모범이며, 世教를 떨쳤던 인물로 알려졌다. 문장가 權萬과 도학자 李象靖 간에 문학사상 논쟁이 벌어졌을 때, "문학과 도학 중 어느 것이 중하다 가볍다 할 수 없다."고 하여 문학의 자율적 가치를 옹호한 점은 특기할 만하다.

100 이여빈의 행장이 李光庭의 《訥隱集》에는 수록되어 있지 않음.

찾아보기

ㄱ

ㅊ

ㅌ

ㅍ

ㅎ

영인

용사록
龍蛇錄

출처 : 《취사선생문집》 권3, 1831, 한국국학진흥원 소장.

행장
行狀

출처 : 《취사선생문집》 권6, 1831, 한국고전번역원 소장.

여기서부터는 影印本을 인쇄한 부분으로 맨 뒷 페이지부터 보십시오.

龍蛇錄

(《취사선생문집》 권3, 1831, 한국국학진흥원 소장)

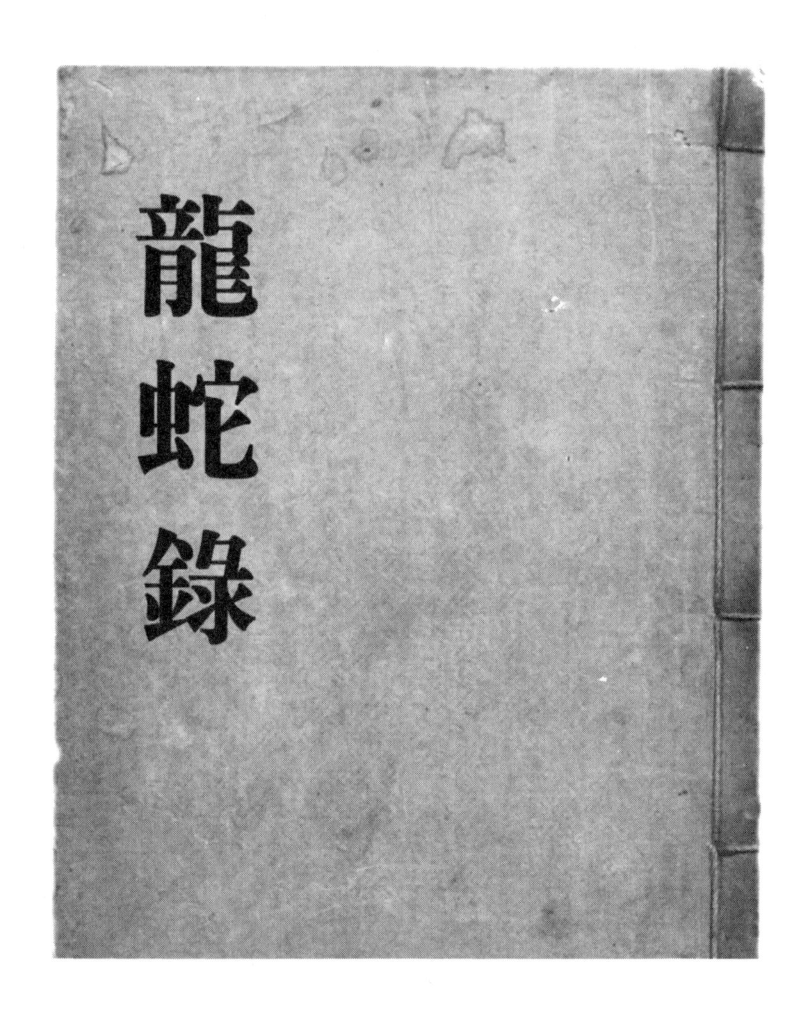

2

3

龍蛇錄

萬曆二十年壬辰卽 宣祖二十五年夏四月十三日

倭寇始自釜山浦登陸攻殺僉使又東萊府使宋象賢

死之兵使李玨自兵營馳進東萊聞釜山陷惶㥘還兵
營聞東萊又陷即棄兵營退遁彥陽梁山之間監司金
睟在右道會兵使戰漸向伽倻山爲避匿之計傳令道
內士子深埋家中什物及鹽醬遠避山谷自是人心沮
喪皆無鬪志雄藩巨鎭望風自潰一不交鋒土崩瓦解
莫敢誰何矣余在聞韶黌舍十五日始聞亂作主倅李
汝温即調兵十六日曉頭領進自此邊報益急日望京
將之來設供億之具以待之二十二日主倅領所統軍
付兵使還來而猶未直到公廨退在民舍其意恐自京
下來將士有所詰問緩緩以避之也是日助防將朴宗

男始來宿所擧軍官皆向隅滂泣朴亦氣沮頓無進戰
之意矣是日余自聞韶始還家聞韶爲二日程而是行
也急故將兼程詰朝而發朴尙重卧不起適遇辛剛立
與之偕行迤從間道而行辛入其家余到道村夜已二
更許
二十三日卓午還鑑谷妻孥將以避亂已先來終夕困
卧夜二更婦翁自栢巖馳來余驚起攬衣出拜則大呼
曰事急矣豐基倅君克任夕過邑內云事無可爲爾倅
李澣已陷園中未知存歿賊今至矣邑內之人聞之惶
怖失措闐咽奔避公廨閭家爲之一空京將士待候供

億之資及帳幕之屬委棄狼藉云
二十四日早朝挈家屬與妻父共歸林谷林谷即妻父
之兄金引儀農舍余亦即歸道村親庭欲定避亂所中
路果有避亂士女或騎或步無數上來弊衣頓足行色
慘憺有不忍見午後自道村携女兒還來鑑谷
二十五日聞賊已入榮川主倅微服避來歇于朴桓家
奔北還出去余未及出見卓午陪母親來弟汝韞汝韡
等各挈其妻子來避余家三從大父參奉桂來見相慰
自說狼狽濱死之狀公初以鄉任領兵赴戰所未及到
陣主倅以三運軍多道亡督令還收散軍而已散之卒

如逆地之水無反瓶之勢蒼黃莫適所從而資糧則已
赴主倅之行適遇豐倅退遁入其軍中依而得還午後
李上舍善應氏來過云邑內訛言乃防禦使成應吉從
事官沈喜壽助防將朴宗男退軍之行也主倅輕佻不
能詳審先自驚惑賴沈於主倅爲從妹夫遂折簡送之
主倅乃下歸相會自此烽燧不通候望無憑人心潰散
莫可收拾禽奔獸走巷無居人
二十七日與金益善甫自林谷還來林谷雖在深僻訛
言尤甚一日四五驚從此遂定在家防禦使自榮川歸
豐基傳令盡散倉穀燒其積聚至於民家儲穀亦令盡

散此令一下隱民起爲盜賊蕩盡官穀又及富民儲蓄公然聚衆對面攘竊官不能令其下主不能制其奴如蠻如獠紀律蕩然妻叔金參議玏受安集之命是日始到而潰散如此無復着手處自豐基逾從間道就省其大夫人避亂所防禦使諸公皆由竹嶺而去一道之內夐無主者列邑守令悉皆捧頭鼠竄榮倅亦入寧越境將由江原道遁去自是愚悍之人皆以爲無法不復忌憚強食弱肉相刃相劘漠然不知有君父有邦憲矣京城之奇雖因逋卒得聞而無信書可憑久乃得知移御箕都箕都惡又移于龍灣矣其間賊勢聲息獨在僻

隘亦不得詳知雖有所聞亦多異同不敢並錄
賊之初陷釜山東萊也監司傳令以爲其意專在左道
左道之人自是尤惶惑不知所爲賴竹嶺之路險隘尤
甚賊憚之遂由鳥嶺而進右道郡邑多被陷沒時右道
防禦使李鎰來到尚州招集兵民僅得二千餘名草草
結陣未成形勢猝遇賊至如山壓卵我師殲盡賊遂踰
嶺申砬亦來忠州棄城不守出屯彈琴臺下背水而陣
賊勢乘勝勢如風雨我軍披靡莫敢枝梧遂爲所擠溺
死臺下水爲不流云砬前守穩城時擊却北胡尼湯介
慶源慶興賴而保全以此名重一時 主上恃爲長城

然砬特一勇士將兵非所長也猝遇大敵狼狽僨事自此驕賊長驅兵不留行直擣京城進逼 行在嗚呼痛哉

左道則竹嶺以下之邑或多保全而人謀不臧先自恇惘資糧器械已皆蕩盡無餘安集使自五月望後始巡列邑近邑守令如黃是李澣亦始出視事焉其餘醴泉豐基安東義城義興等皆棄城遠遁故安集使令其各邑所居有識品官人爲假將以領之

亂之初生也 朝廷以嶺南土地廣大軍務浩繁特於左右道各出方伯右道則以前方伯金睟因任左道則

以李聖任爲之聖任恇怯不敢來左道之人初不知有
監司五月旬後江原監司柳永吉據 敎旨通關有曰
左道監司李聖任云云始知分左右道置監司矣聖任
亦終不來民之疑惑滋甚一道之事終無所屬安集使
皆權摠焉賊之初踰鳥嶺也急於犯京不至攔入傍邑
自五月望後始焚刦龍宮醴泉間安集使調發傍邑軍
六月初九日進討然兵無所統又無紀律擧皆見賊先
遁時龍宮縣監禹伏龍禮安縣監申之悌見榮倅奉倅
遁還獨慨然留陣以俟至十五日猝遇賊至未及成陣
爲賊所襲僅以身免自此賊徒長驅龍醴之間皆淪沒

罙入甘泉甘泉乃安東屬縣距榮郡纔三十餘里人皆
惶駭奔避前此賊鋒稍遠農民多下其家耕耘田畝士
女亦多有下家者至此風靡波蕩在家者上山上山者
深入主倅復撤所聚資糧器械與龍倅寓伏龍避匿郡
北叟田生達洞余亦不能在家乃於十八日挈妻子避
于生達洞之傍賊不入榮川直走安東榮川一境特免
兵燹然人不敢下山以爲朝夕且來屠也
七月初一日始聞兵使自溫陽承 命下來兵使乃密
陽府使朴晉也晉在亂初獨能嬰城有戰鬪功故斬李
珏以代之時道內久無主將忽聞其來始知朝廷有號

令焉主倅於是始下石嵐村舍將以應兵使之徵焉時
安東府倭一運分據禮安兵使將擊之急急聚兵人皆
星散埶難猝合一鄕士子遂皆登山搜捕亾卒以成軍
容又出富民私儲以佐軍糧主倅僅僅摶聚農民二百
餘兵進屯洪亭果不進兵主倅乃還軍進屯邑內自是
稍成體貌其後禮安之倭合于安東安東倭將名曰元
康時以書榜于道路而題其名以諭　本國民人故知
其爲元康未幾安東之倭又棄本府移屯豐山縣九潭
里兵使始自青松來會安集使然後還陣安東然九潭
之倭雖在府境地埶非便竟不加兵時募勇士夜擊其

營而邑居月餘九潭之賊亦撤去時永川郡留倭亦幾
二千餘新寧隊將權應銖永川隊將鄭大任等力請于
兵使進擊勦滅而兵使持難未決退在安東豆留觀望
應銖等奮義協策進攻滅之自遭亂以來所未有遂為
一道快事獻馘于兵使朴晋晋有慙色其後兵使留軍
官以守安東自歸慶州屬縣進擊府中之賊敗績又再
敗於密城權應銖以永川之功自訓鍊奉事超陞堂上
擢虞侯逮至癸巳春朴晋病免應銖代之應銖新寧縣
人也
初監司李聖任不來以右道招諭使金誠一代之右道

之人啓請因留乃以寧海府使韓孝純陞堂上授左道
監司誠一因爲右道監司誠一安東人性抗直敢言不
避夷險以此屢忤 上旨癸未東西之議出爲羅州牧
使治常第一以社稷火罷職在家旣還朝猶不改節庚
寅倭關白平秀吉請遣使通好 朝廷難其人以公薦
之副黃允吉以往及到日本關白待之頗不遜黃允吉
及書狀官許筬皆畏禍局縮欲順其志公獨抗禮不屈
事事必折以義理倭奴雖冥頑獷悍亦知敬禮不敢慢
及還朝黃許多般訏斥以爲失實之歡變在朝夕公以
爲倭不足畏雖其亂作必不如此之急時 王子臨海

君順和君所爲多不法公爲直提學上劄及之且曰
廟堂有三旨宰相臺閣列仗馬言官宰相言官皆引嫌
辭避以此大忤 上旨壬辰春左遷爲右道兵使未及
到任亂作臺臣追咎公倭禍不急之說啓請拿鞫而禁
府都事纔到鳥嶺聞賊奇之急未敢進淹留數日始得
傳 命賊勢已迫 主上急於西遷釋公罪改授招諭使
于時列邑瓦解人心潰散無復紀律公盡心宣諭收拾
人心招集兵民殺獲頗多右道之人悉皆歸心至是將
還左道故右道士子啓請甚懇乃有是命韓孝純亦素
著名望歷踐清要以東西之議左授寧海府使遭亂以

來不棄官守　行朝聞而嘉之招授是職以前佐郎金
弘微爲郡守弘微亦負才譽翺翔文翰銓曹之任及爲
是職沉冥于酒人多短之韓孝純在寧海亦無討賊可
稱之績而特以　行朝先聞寧海府城完故陞授是職
及爲監司　行朝遠狩本道之事專委監司守令有闕
者皆令監司出差升黜之柄悉在其手孝純不憚人言
不恤衆論人或非之前兵使朴晋雖無討賊之功誠心
王事自奉甚約撫恤軍卒恩威並施及其去也人爭慕
之權應銖性嚴果毅能立威稜以此得成永川之功及
爲兵使恃功自專威名頗損焉本道自亂初奔潰之後

監兵使皆退北入無所屬郭再祐自宜寧破財產募勇
士首唱義旅前佐郎金沔自居昌亦起義兵前郡守鄭
仁弘亦自陜川起兵於是朴惺李曾文德粹之徒皆起
而應之時金誠一自招諭使來褒奬其已起者激發其
未起者傳檄列邑諭之以忠義申之以禍福於是江右
列邑無不響應江左無有倡之者洛東一路又爲賊路
右道聲息未得相聞七月以後始知有郭再祐諸公於
是江左士子欲起而應之安集使從而勸之禮安居校
書權知柳宗介安東居生員任屹始自春陽起召募得
數百所謂乃城義兵也器械未完猝遇倭賊自江原道

乘其不意來襲之柳宗介死焉任屹僅以身免復收餘
兵然任性急士卒莫愛也自江原來賊犯串赤訥川之
境串赤即豐基之地訥川即榮川之境也時安集使召
募僧兵得數百官軍又千餘安集使即令其兵擊之又
徵傍邑分守要害賊憚其有備乃還退去至秋九月鄉
兵之議乃凌榮川則以成均權知金盖國爲大將以忠
義衛朴漉副之漉謝免以生員李與門代之安東則合
禮安義城義興軍威爲一陣推前檢閱金垓爲大將進
士裴龍吉生員李廷栢副之醴泉則以參奉李介立爲
大將豐基則以忠義衛朴渶爲大將

時尚州居進士金覺亦起義兵於亂初斬馘頗多以功
陞主簿清州居忠義衛李逢亦自亂初來咸昌起兵殺
獲甚衆前撿閱鄭經世爲其謀主前縣監高尙顔權知
閔滌等亦起兵於山陽山陽乃尙州屬縣爲聞慶咸昌
往來之喉而倭賊之所由路也斬級亦數十餘云時倭
賊一陣自壬辰冬來屯唐橋唐橋乃咸昌之地其地背
山臨水形勢甚固官軍義兵在在成陣而莫敢下手賊
徒日肆焚掠諸義兵雖有斬獲不過或乘其虛或尾擊
或要擊僅得零散樵汲者斬得一二級非有交鋒戰鬪
之功是以雖斬馘如許賊勢不挫

當時義兵雖多惟郭再祐最爲首事其兵亦精銳善用
金誠一狀啓云無日不戰戰無不勝可知其大槩矣再
祐乃越之子越有名文臣其所從歷有聲制繁理劇游
刃恢恢蓋其家世有自來矣再祐以功超授通政起自
白衣一年間至頂玉
金沔亦擊知禮居昌之賊以功陞堂上　行朝以義兵
無所統屬授義兵大將之號令節制一道義兵其後右
道兵使有闕以沔代之仍兼領義兵事公受命以來益
竭忠誠結陣知禮縣境擊去開寧留賊數萬衆移陣金
山病卒時癸巳春三月也聞者莫不嗟惜

乃城義兵自柳宗介死後任此領之任屹丁父憂李嶸
代領其衆前檢閱金涌亦收兵百餘來與嶸合涌舅澈
當屹等初起兵時參其謀亦收僧兵五十餘附之時澈
爲安東守城將及府使禹伏龍至涌遂來會相與設伏
于咸昌地境時有斬馘焉榮川義兵初以鄕兵爲名其
後安集使改授安東府使未及赴任移授禹伏龍伏龍
自龍宮縣監超授堂上轉爲安東府使安集使旣遞任
乃家居募餘兵得數百以領之其後還除安集之任乃
以所募兵附于金盖國摠名之曰義兵然而兵皆一鄕
士子所募亦皆傭食秉耒之徒非有素於弓馬者惟以

張聲勢燿軍容曰張旗鼓翺翔境上近邑義兵多類此
至癸巳夏賊勢尚熾平亂無期將帥乃始放士子之無
勇不敢赴敵者軍卒之老病尫羸者收其軍糧以助饋
餉揀其精銳分番設伏時有所馘大槩右道義兵起於
亂初奔潰之際不論軍官與閑良惟有武才者取焉故
兵皆精銳所向有效加以金誠一爲能激勵奬勸而成
其美左道義兵起於官軍收合之餘不論武才有無惟
驅無勇之士類加以執兵將士沮抑侵奪而忌其成所
以其實有不同也
全羅道賊初不犯其後賊由水路而向全羅境水使李

舜臣以龜甲船延戰放火炮撞破四百餘艘其後賊連
戰皆敗由是斂兵不敢再犯皆李舜臣之功也又自陸
路欲向全羅長驅右道列邑及至晋州牧使金時敏能
以孤城獨抗數千萬賊預設火藥及攻守之備堅守不
動屢折其鋒賊圍城十餘日死傷甚衆遂解圍而去時
敏以功陞兵使未及承命病死惜哉賊又自忠清道分
向全羅陷錦山郡郡守權悰及義兵將前府使高敬命
父子皆死之賊是戰也士卒殊死戰死傷亦相當云敬
命長興人世居光州父孟英亦文臣官至通政以事擯
不用於時敬命文章高一世以父累不大顯於時後以

文擧漸見收用累官至通政爲東萊府使及是擧義討
賊可見其節行不徒爲詞藻也子從厚仁厚用厚皆擢
文科循厚亦進士權悰安東人領議政轍之從子性嚴
毅爲吏號酷惡然自奉清峻能理繁劇及是死於節權公
贈吏曹判書諡忠愍公
前正郎趙憲亦起義兵有衆至數千餘與義僧將靈圭
合攻錦山賊死之憲清苦峭直無所回避嘗歷詆滿朝
卿相上疏累數萬言 宣廟斥之不用又上疏強聒不
捨 上嘗斥以人妖又嘗戒政院曰邯鄲鬼魘之疏不
須納啓以此斥逐荒遠己丑鄭汝立之變 上追思盡

言 召還于朝又言得失如初竟擯不用及是召募義
士盡心討賊不幸而死所謂夷險不改者也錦山之賊
自是亦多死傷後侵入全州境爲成天祉所敗遁還不
復再犯全羅全羅一道遂得保全其後前府使崔慶會
前縣監任季英亦起兵與右道都大將金沔合勢討開
寧善山之賊監司權慄領兵進京畿道幸州幸州留賊
且萬數聞唐兵到松都空其陣赴援慄乘虛奪其陣據
之松都之賊皆自潰退幸州之賊亦各還陣慄已奪其
險以主待客軍皆死戰呼聲動天地殺獲不可勝計賊
以此奪氣披靡不敢進唐將聞而嘉奬奏聞 皇朝慄

卽領議政輸之子在平時稱爲迂濶及臨大節立脚如
此所謂板蕩識誠臣者也初李洸爲監司以不能勤王
杖罷之以慄代之至是遂成勳績可謂偉矣金千鎰亦
起義兵勤王入衛　世子於江華當時諸道莫不舉義
敵愾而唯江原咸鏡漠然無一人奮義者咸鏡之人至
賣二王子媚賊痛哉痛哉
初賊之踰鳥嶺也　朝廷洶洶　主上議避仇之策沈
守慶等以爲　宗廟社稷在此　殿下捨此何之泣諫
甚切時李山海在　上前力贊　上意乃決西遷之議
朝論方喧　上恐人心搖動乃於四月二十九日以微

服不具儀衛夜五鼓由新門出以　中殿及嬖姬金淑
媛從嬪御多未及行朝臣亦多未知蒼黃行及松都宗
親及侍從之臣爭論山海逢迎誤事之罪　上初不肯
從言者論列未已　上以爲左相柳成龍當時亦以山
海議爲是爾等何爲止劾山海耶注書某進言以爲成
龍之所是者是沈守慶之論非謂山海也　上不得已
罷山海相黜平海柳成龍等亦以不能諫止之故並罷
之以崔興源尹斗壽俞泓爲相賊乃於五月五日犯闕
如入無人之境城中居民初皆避出山谷其後賊欲收
人心不行斬伐避亂之人還皆投入市肆不易相爲買

賣賊之四出焚刼也或爲之引導其斬伐刼掠反有甚
焉成均館下人爲尤甚士族亦有投入以焚蕩殺越爲
良謀貪婪汚辱爲能事見人家經籍子史必踐踏焚毁
至於塗糞穢棄之見士女必加汚辱殞命者滔滔云
行在到平壤始頒封 世子教於中外 世子卽金侍
衛所出第二子也初封光海君時臨海君所爲多悖戾
無狀乃以光海君特進封爲 世子仍令撫軍監國初
上久不定繼嗣人心不知所屬朝臣屢請不允尹先
覺以此出守尚州人莫敢言及是朝廷又以爲請乃從
之眷黃求及頒 教至此始布中外有曰今來箕邑始

頒中外之　敎昔在漢都已受臣民之賀又曰若涉大
水罔未知其津涯弘濟艱難用錫保于元子　上以本
國人心已散兵力已竭勢不能收復遂奏聞　皇朝請
兵救援冠蓋相望蓋是賊之搆亂本以　上國不受其
朝貢欲假道於我國以犯　上國也初賊酋平秀吉乘
其主源氏之衰簒弑自立爲關白恃其強盛歲歲興兵
並呑諸部遂有雄據天下之志我國之於彼雖名爲鄰
國特因其使之來館待而已未嘗遣信使通好及秀吉
之起請遣信使辭甚悖慢我國不得已從之前日黃允
吉金誠一之往以是也及是時遣其將平義智平行長

平調信玄蘇信長等領兵百餘萬搆此千萬古未有之
亂將欲直擣 上國我 殿下遂遣西川君鄭崑壽等
奏請乞救未閱月賊又迫箕都 上欲移龍灣而居民
遮道願留不得至有欲毆諸從臣者 上恐其生變斬
其爲首者徇之賊後行行及義州請救益急 帝遣祖
承訓來擊平壤之賊死傷相當未得全勝時壬辰八月
也其後 上復遣使陳奏益懇 皇帝降勅遣行人司
行人薛藩宣諭 國王及文武臣民復勅東南邊海諸
鎭並宣諭琉球暹羅等國集兵數十萬同征日本直擣
巢穴又賜銀萬餘兩以助饋餉又輸芻糧七十餘萬石

於義州遣兵部侍郎宋應昌領南兵炮手遼東提督李如松統北兵騎射及家丁㺚子自募者乃於癸巳正月初八日進攻箕都拔之殺盡醜類有一土窟四所甚牢固撞破不得會日暮令我國將李鎰圍守其外守者小懈餘賊縋城夜遁天將怒欲斬鎰縛送 行朝朝臣皆言鎰縱賊失捕罪雖當死我邦可將者無出鎰之右且自遭亂以來其忠勞亦多莫如釋而用之 上亦允之得不死自此 天兵乘勝而進宋侍郎從雪寒嶺長驅北道李提督自箕都直進黃海道賊衆皆望風奔還行及松都則賊已棄城而遁皆會於漢都漢都之賊據城

已久盡撤宮闕及王子公卿第宅磐石以築營壘多般
設險又陷地爲機穽以邀　王師之來漢都本自襟山
帶湖形勢險阻　天兵覘見其難久不進兵宋侍郎與
李提督久相失宋則退師龍灣李則駐兵箕都　上屢
遣陪臣以請又親詣侍郎營求救　天將終不許欲以
和議退虜　殿下以爲和之一字自古誤國殷鑑不遠
覆轍宜懲況此虜狙詐百出狡獪萬端未可以信義相
和請藉天威殲滅使隻輪不返然後可保百年無虞而
快神人之憤　天將竟不從乃以和議奏聞于　帝帝
亦許之乃遣游擊將沈惟敬入虜營議和惟敬　上國

入曾陷倭中娶倭女生子勇健爲其所服自壬辰秋祖
承訓之敗惟敬自薦東來賊在箕都之日屢入其營信
宿相歡或以 帝命遺銀絹三升等物賊亦以銀兩獻
于 帝往來頻久人莫知其所爲或以爲與虜同謀以
危本國 皇帝聞之震怒欲誅惟敬請立功自效赦之
至是復入虜營議和虜亦自箕都之敗怛於 天威乞
和和議乃決虜於四月二十七日渡漢江以二 王子
及沈惟敬自隨初臨海順和二君在亂初奔避之際
上令金貴榮黃廷彧及廷彧之子赫等陪二 王子及
嬪從避兵于咸鏡道賊兵追及於後鏡城軍民國丁等

縛二 王子及諸從臣以責於賊由是 王子嬪從皆
陷于兵其後金貴榮潛還本國 王子嬪從猶被拘留
至是和議雖定猶不遣還質軍中以待賊旣渡江 天
將始入漢都我國將權慄高彦伯等欲因其還追擊之
請於天將李如松如松令其弟如栢率軍渡江未及成
陣如栢托病還渡權慄等請之益力 天將以爲汝國
二 王子及天將一人尚在賊中雖欲追擊將置此何
地耶遂怒囚權慄等人莫敢言自是賊笳鼓還軍京畿
忠清留賊一時席捲踰鳥嶺聞慶咸昌之賊亦皆棄營
而去皆聚於尚州 天兵先鋒查總兵大受領兵來陣

聞慶馬浦院探候賊勢尚州之賊或自其陣逃來投降
者查總兵卽令押送于大將所在處時李提督在忠州
宋侍郎在箕都聲言朝暮領大將將踰嶺本道軍糧輸
運沿路以俟其來時倭賊雖云講和猶肆焚劫 天將
宋千總設伏銀嶺捽遇賊至致傷顚仆咸昌義兵將李
逢遣力士負來其陣救療瘡處云時余以本郡支應監
官隨主倅李瀞而往親覩其事實五月初七日也唐卒
皆着羊毛帽子或有奪我軍笠去其臺而着或有着毛
笠者軍糧日給二升半雖於將士不爲具食秖以生米
給之饌物亦以生物與焉爲其下者受而供具亦不爲

盤案雜陳品數但以食盛于中鉢或甫兒奉進饌亦不
過一二品置盤中投進將卒相與雜坐而食食亦不用
匙但以筯餂食之且喜食油餜物每品每多和油而食
未久余以母病還家其後數日劉總兵綎領兵踰嶺步
卒貲糧皆自繫杖端而背重幾一駄又驅猛犬千餘以
助軍容犬亦馴擾不失什伍隨入指嗾必成陣追圍噬
殺云軍不留行所過亦無秋毫之犯自是尚州之賊亦
撤歸劉總兵入據之十四日李提督亦領兵來到聞慶
抄送精兵探候賊勢而已未久卽還漢都道內秪留劉
總兵及査總兵自是倭賊盡下海徼而猶不席捲渡海

彌滿下道時出焚刼天兵旣與之講和任賊之爲本國兵殘莫敢下手賊日肆焚蕩聲言其軍前冬多死晉州必陷晉州而後已時沈惟敬在賊中我國得以知之乃聚右道將士及全羅忠淸兵馬皆會晉州爲固守計兵卒三萬餘將官亦二十餘賊將淸正者圍城環而攻之晝夜不息我師疲病不能當 天兵坐視不救外援不至苦戰六七日而城陷將士死者二十餘軍兵及居民避亂士女死者不可勝計良將健卒殆盡於是慘不忍言賊遂夷其城郭乘勝入全羅道求禮地唐將駱尙志等陣南原邀擊走之其後劉摠兵陣八莒八莒卽星州

屬縣爲左右道要害之地爲大陣於是大築營壘爲持
久之計凡其營造之事皆令唐匠爲之其他士卒留陣
之所令我國人爲之故郡邑計民田結出丁往役民間
爲出米布雇代丁夫以送其他唐將支供之事軍糧輸
運之備皆責於民自遭亂以來專廢穡事癸巳之秋重
以凶荒農不耕收財粟殫亡賦斂酷急責出無藝流離
死亡十居八九邑里蕭然鞠爲茂草矣九月以後 主
上始還漢都漢都久爲賊窟宮闕民家十無二三 主
上乃於貞陵洞擇粗完慶宮御之環四方數百步而垣
之以其內所在民家爲百司名之曰慶運宮避亂之民

間有還集者而無生生之資 廟堂亦無策救荒死亾
相繼積屍滿於溝路云
甲午正月唐兵諸陣皆撤惟劉摠兵回留八营 世子
來御湖南全州依廷試例取士得尹晤等九人武士則
令各道試射不限額數中一矢以上者皆得預選慶尙
道則試所定永川郡取才狀啓 朝廷因各道裒合而
科第書紅牌順付各道出身人所居官至今稱爲永川
出身者是也自遭亂以來屢擧武科 行在駐龍灣設
取文科八人及是時並取文武科時 國家受敵已久
加之以飢饉焚蕩流離之民皆聚於僅存之完邑完邑

之民亦皆疲於徵歛之酷 相繼破產餓莩滿路枕骸遍
野父母妻子不相保持至有食人肉爲糧甚者至於自
食其骨肉穀價翔貴好木一疋僅易二斗租自二月以
後或一斗飢民專以草實木皮爲命丁壯起爲盜賊焚
刼有同倭賊民之不死於飢饉者必死於盜賊京朝官
不得俸祿秪仰散料者亦不滿百而時或絶糧位崇金
王者亦有飢色城中飢莩棄諸外至與城齊人可踐而
出入云
廷試取文武科文科得朴東說等十三人時金德齡起
於全羅驍勇絶人往來如飛 東朝賜翼虎大將軍號

以獎之能於馬上佩雙劍重各五十斤幕下用三十斤
劍者十餘人然自癸巳冬與賊方謀講和漢賊相對結
陣而已別無攻剽之患德齡無以施其勇其後改賜忠
勇將軍號乙未歲以私怨撾殺二人拿致將殺惜其勇
因杖而釋之丙申秋忠淸道逆賊李夢鶴等被執辭連
德齡前慶尙兵使朴晉讒于時相密啓於 上當時惡
嫉之輩交搆百端竟致其死聞者莫不寃之後 上知
其寃官其族屬以雪其寃
右道監司金誠一在晉州病卒公自亂初盡心 王事
不避艱險又能存心愛民救荒兼至是以兵政修擧民

亦不廢農作多得全活至是病歿一道之人如悲親戚
乃以安集使金玏代之兵使金沔卒又以義兵將崔慶
會代之慶會全羅道人也能文章擢文科累官至寧海
府使以母老棄官家居壬辰起兵與金沔合勢討金山
開寧之賊至是有是 命慶會受 命未踰年六月二
十九日晉州城陷時戰歿城將陷公與復讎將前縣監
高從厚知事不濟在矗石樓上相對飮酒至醉遂自墜
樓下水死從厚卽敬命子敬命壬辰秋戰死錦山從厚
欲復父讎倡率同志提兵奮起至此亦死所謂死忠死
孝兩無憾焉者也

左道兵使權應銖以論啓道内守令　朝議托以用刑
嚴酷不恤士卒爲名杖罷之以高彦伯代之彦伯亦以
討賊功起自胥吏起授通政爲楊州牧使至是有是
命
右道巡察使金玏入爲都承旨初朝廷以嶺南軍務浩
繁賊路且梗分爲左右巡察使至是以賊退海徼道路
無梗因合而爲一令左道巡察使韓孝純兼領
都體察使柳成龍入爲領議政左議政則以尹斗壽代
之
逆賊李山謙宋儒直等謀不軌事覺伏誅坐死者四十

餘人辭連趙琓呂大老拿鞫之竟無所據特原之初獄
事幾不解西川君鄭崑壽言於 上曰大兵之餘人物
消盡復興大獄橫羅者必多巨魁已誅請釋脅從 上
懲己丑橫罹之冤從之以此獄事稍緩玉石得免俱焚
談者韙之趙琓呂大老因以得免
巡察使韓孝純入爲兵曹參判洪履祥代之履祥到界
遂分兵農農民分九等納粟有差以代身役不論士大
夫公私賤其不堪赴敵者皆入農籍計口責出隨穀之
早晩成熟視民產貧富有差隨便督納以助軍餉兵亦
不論士庶公私賤有無役惟可堪赴敵者是擇隨郡邑

大小而的定額數云

余自壬辰亂初始爲此録其後賊退海徼身居窮巷

不預世事未見政草雖或有聞率多異同未能適從

故遂絶筆不爲大槩倭賊自癸巳五月以後退遁海

徼以講和緩我師乙未秋 天朝遣李宗城楊方亨

爲信使將送日本通好我國大臣皆憚於行時黃愼

以接伴使隨沈惟敬在賊中就加通政爲上使大邱

府使朴弘長副之名曰跟隨陪臣以遣上天使自賊

陣逃還副使爲上使沈惟敬爲副使到日本平秀吉

以我國辭禮不誠却之天使則雖見接待和議竟未

得成焉丁酉秋賊復縱兵陷湖南焚刦列邑殆盡蹂躪京畿忠清等道將再犯京師前鋒爲天將麻貴所衄大軍遂不交鋒分道而還是年季冬天兵圍蔚山甑城清正陣相持十三日幾獲清賊而不能云

49

50

行狀

(《취사선생문집》 권6, 1831, 한국고전번역원 소장)

六十餘年。而年譜始成。噫。譜豈易言哉。先生之生
於某年某月。卒於某年某月。司馬某年。登龍某年。
則以鑑谷家乘所記者而記之。某年除國子監。而
不肯赴。某年上全恩疏而不得徹。某年赴督郵。某
年赴廣文。則以因樹漫錄所載者而載之。兼採日
記諸條。或係之以年。或係之以月。雖不一一致詳。
猶可以訖平生梗槩。乃敢列于篇末。以俟他日
秉筆之君子云爾。

上之九年壬子季春。玄孫進士鎭萬謹識。

行狀

公諱汝贇字德薰姓李氏其先江陵府羽溪縣人中
世有諱球八元朝十九登進士第其後有中樞院副
使諱義佐我　太祖錄開國勳賜第京師四世而至
諱秀亨景泰末棄平市署令遯于榮川之桃村是爲
公高祖曾祖諱大根洪川縣監祖諱崇定畧將軍考
諱孝信參奉娶孝寧大君四世孫貴瀜之女以嘉靖
丙辰之九月庚寅生公資性絕人幼受業韓斯文佑
愽習經史百家語爲文詞霶沛不窮李公希得許公
忠吉相繼爲郡守得公所爲文與之講說義理諸書
俱推遜許以上價公醇靜篤實其爲學知內外分雖

隨衆應舉非其所汲汲也萬曆辛卯中司馬壬寅居
父憂哀禮備至甲辰服闋秋中增廣東堂試乙巳春
始釋褐登第以大夫人老病不欲離側出仕朝臣有
知公意者爲養也丙午除碧沙道察訪公猶以定省
曠遠爲憂一日題秋千條望白雲圖遂棄歸光海卽
位杜門養親無求進意庚戌例陞成均館典籍亦不
起謝辛亥秋大夫人卽世啜粥廬墓以卒三年癸丑
春逆獄起爾瞻等指東朝以八歲大君爲禍胎亟欲
廢殺之而後已大臣持重者攣罷黜朝臣立異者輒
論以護逆無敢言者公從服中上疏曰賊招蔓引上

及 慈殿與遺孤。誠千古所未有之大不幸也。古今
天下聖帝明王。不爲不多。而獨稱舜爲大孝者。以其
處人倫之變。而盡其友愛之道而已。今朝議一向愈
甚。名爲士子者。亦發悖論。臺諫連章累牘。自夏迄秋。
莫之能止。是引大舜之聖而反處漢唐以下之衰世
也。宋理宗卽位。皇子竑黜王濟陽湖州潘壬起兵推
戴。王權辭得脫。乃率州兵討壬。而不免爲史彌遠所
搆殺。當時莫不冤之。後世以爲理宗之詬病者。以濟
王無無將之心。而迫於壬等。其罪可恕也。然出判於
外。迫脅於倉卒。其迹已汚。其冤亦難以自明。今㦤則

八歲童子耳。淺居大內。不離母后膝下。惟知索果而啼。弄雛而戲。何與外間事。此則人之所共知者。而左右者爭之不已。徒知討逆之名而不知陷　殿下於不義悖倫之地矣。秦始皇廢太后於別宮。茅焦脫衣以諫。感悟其心。使之如初。鄭莊公誓黃泉於姜氏。潁考叔舍羹進言。發莊公之悔心。古之人臣所以事君者。雖其君心之弊錮。猶將開發導迪。以歸於仁孝之地。不傷其彝倫之本。豈有反導其慈諒惻怛之念。納之猜忌殘酷之域哉。漢武帝巫蠱獄起。帝令江充治之。充於太子宮得木人尤多。太子恐不得免。從石德計

自歸斬充發長樂宮衛卒是稱亂自乎太子其罪有
不可容貸者而帝心終能悔悟作歸來望思之臺高
帝溺愛趙王將易太子及惠帝卽位則忘舊怨保護
趙王尤篤而逮人彘鴆殺之慘則憫母后殘酷痛哭
悲傷至於成病父子兄弟俱是一體而 殿下之慈
孝語不可同年於漢帝則望思之悔悲傷之情何待
發於事往之後哉詩曰維桑與梓尚恭敬止以 殿
下之誠孝雖於先王之杖屨犬馬尚必祗敬而保護
之況其平日慈愛之所鍾末命丁寧之付託乎 殿
下旣以免穢爲廢人勉從羣臣之議又且負穢之性

命。曲全慶變之道。公議私情。兩得其宜。而苐恐八歲童子。有同附根之木。一離母后。何異寸草之去根哉。脆令驚憂。以致夭折。 慈殿亦安保不傷其性哉。漢之文帝。盛德之主。廢徙淮南王。初非置之於死也。而斗粟之謠。不免爲君德之累。區區斧鑕之愚。亦不能不爲 殿下今日慮也。臣願 殿下終能心大舜之心。戒後世之失。使骨肉團圓。母子如初。則至和可以召。太平可以致。非但 殿下之德輝映青史。先王在天之靈。必能慰悅於冥冥矣。疏上。當路者從中沮搪。伏閤七日。竟不得徹。然其忠義奮發。不爲一身計者。

可見於此矣公天資樸實外和內剛平居退默若無

甚異於人而至其義理之分是非之決雖自謂賁育

有不能奪者當是之時爾瞻以巨奸當國而仁弘爲

一路領袖遥弄朝權士大夫之嗜利無恥者咸奔走

蓋公一鄕才藝之望鮮不失脚而公毅然其間孑然

孤碓輩冀或以謦欬宸聽旣已不可如何則杜門却掃

謝絶時事維以書史自娛雖蔬食菜羹有時不給而

視被之冰條玉署無如也朝之相識者悶其窮縻以

學官之祿是年秋提督安東校庚申冬提督尙州校

丙寅夏提督晉州校公亦不自潔時往來其間其在

尚州有相識者戲公曰君同郡人多騫騰要路子何
獨沉滯若是公曰彼自騫騰我自沉滯命各不同何
以相及我則無其筭耳人曰何不效彼之爲覔其末
論躡其後塵何謂無筭公不應出示心經養心章人
笑曰君得筭矣公嘗在碧沙有詩曰恨我不能如寒
蟬尋高樹飮清露自放於五月之炎天恨我不能如
蚯蚓食枯壤飮黃泉無求於人世之腥膻愧我爲儒
之腐士之俗奔衣走食隨俗子而周旋腰不肯折爲
人折膝不肯屈爲人屈顔不肯低爲人低頭不肯縮
爲人縮寸稟態降衷之正微官屈偃謇之性言辭本

拙人欲使之巧氣色本舒人欲使之倭有如麋鹿而
冠巾蹙蹙中懷麤所羈悲來乎安得追赤松隨彭聃
超絶迹而高舉不使俗吏論品秩較高下亂我之視
聽公之獻斷於世亦可見也公以崇禎辛未三月二
十八日終于正寢享年七十六夫人宣城金氏吏曹
判書文節公淡之玄孫參奉昜之女有四子二女男
長成樺生員次成林將仕郎次成村宣務郎次成檽
女長適士人權欖次適士人任之嶶內外子孫緫若
干人公家居鑑谷以鑑谷號晩更號炊沙作炊沙老
翁傳詩文若干卷所謂因樹亭夕陽窩則平日居

息之所而其取義者遠矣今乙未冬公之鄉人以公
之高祖署令公弱冠棄官與當世所謂生六臣者同
一心事享于道溪之精舍既已以公立脚昏朝嚼然
不滓可以配公之高祖遂厥食公公之事蹟有公之
弟三子宣務公之手記謹而不盡今宣務公之曾孫
上舍鎭篤鎭奎兄弟以屬不佞光庭曰子以吾祖狀
光庭自惟孤陋後生不應接公之影響又未得從先
輩得公言論風旨之一二雖歆想公有執鞭之願而
實無以承其委托者焉然嘗聞公之文學爲一時儕
流所推重今即其遺卷若有以得其髣髴者蓋公於

陶山講道之日。函丈少。未及躡齊請益。而得夫子所節朱子書。爲好之不已。爲平日進修之地。則公之求歸去來辭。既序之矣。纔登贇關。遭島夷陸梁之禍。其憫時憂國之不能自已。則有龍蛇錄及道途感傷之吟。可見矣。晩占科第。若可以有爲。而遭時棼濁。不能有少施措。則其慷慨憂憤之意。眷眷於時事雜錄及寄興諸作可知已。惜乎。以公篤實之工。不及受栽於大賢之門。而其忠樸質直之性。終不能施其英棘栽花之手。公在花山被衙時。作剪荊蒔花詩。有日剪除荊棘種寒花。夫我初非所好阿。愛惡元來天性得。惡自無他。觀賢遠。不能無遺恨於今日也。公之文章。亦鍾

彩彫華一趨乎實其視當時之袪服麗粧靡靡爲鄭衛之唱者不類矣亦可以想公之爲人也先庭戚且老文詞拙訥不足以道揚遺烈而上舍兄弟之請再三而未已顧其義有不可終辭者迺敢就本狀兼採先輩追頌之語而謹編次之如右世之君子庶或恕其僭而得其實焉爾九年癸丑仲秋之夕平原李光庭謹狀

家狀

先府君諱汝馩字德薰系出江陵府羽溪縣有九代祖諱蘊佐我 太祖開國錄功賜土田臧獲官至嘉

용사록
龍蛇錄

출처 :《취사선생문집》 권3, 1831, 한국국학진흥원 소장.

행장
行狀

출처 :《취사선생문집》 권6, 1831, 한국고전번역원 소장.

여기서부터 영인본을 인쇄한 부분입니다. 이 부분부터 보시기 바랍니다.

역주자 신해진(申海鎭)

경북 의성 출생
고려대학교 국어국문학과 및 동대학원 석·박사과정 졸업(문학박사)
전남대학교 제23회 용봉학술상(2019) ; 제25회·제26회 용봉학술특별상(2021·2022)
현재 전남대학교 인문대학 국어국문학과 교수

저역서 『양건당 황대중 임진창의격왜일기』(보고사, 2022)
『농아당 박홍장 병신동사록』(보고사, 2022), 『청허재 손엽 용사일기』(보고사, 2022)
『추포 황신 일본왕환일기』(보고사, 2022), 『청강 조수성 병자거의일기』(보고사, 2021)
『만휴 황귀성 난중기사』(보고사, 2021), 『월파 류팽로 임진창의일기』(보고사, 2021)
『검간 임진일기』(보고사, 2021), 『검간 임진일기 자료집성』(보고사, 2021)
『가휴 진사일기』(보고사, 2021), 『성재 용사실기』(보고사, 2021)
『지헌 임진일록』(보고사, 2021), 『양대박 창의 종군일기』(보고사, 2021)
『선양정 진사일기』(보고사, 2020), 『북천일록』(보고사, 2020),
『괘일록』(보고사, 2020), 『토역일기』(보고사, 2020)
『후금 요양성 정탐서』(보고사, 2020), 『북행일기』(보고사, 2020)
『심행일기』(보고사, 2020), 『요해단충록 (1)~(8)』(보고사, 2019, 2020)
『무요부초건주이추왕고소략』(역락, 2018), 『건주기정도기』(보고사, 2017)
이외 다수의 저역서와 논문

취사 이여빈 용사록 炊沙 李汝馪 龍蛇錄

2022년 6월 30일 초판 1쇄 펴냄

원저자 이여빈
역주자 신해진
펴낸이 김흥국
펴낸곳 도서출판 보고사

책임편집 이경민
표지디자인 김규범

등록 1990년 12월 13일 제6-0429호
주소 경기도 파주시 회동길 337-15 보고사 2층
전화 031-955-9797(대표)
02-922-5120~1(편집), 02-922-2246(영업)
팩스 02-922-6990
메일 kanapub3@naver.com/bogosabooks@naver.com
http://www.bogosabooks.co.kr

ISBN 979-11-6587-242-7 93910

정가 16,000원